《特种设备事故报告和调查处理规定》释义

孙仁山　曹宏伟　主编
谢铁军　王　辉　主审

中国劳动社会保障出版社

图书在版编目(CIP)数据

《特种设备事故报告和调查处理规定》释义/孙仁山,曹宏伟主编. -- 北京:中国劳动社会保障出版社,2024

ISBN 978-7-5167-6193-9

Ⅰ.①特… Ⅱ.①孙…②曹… Ⅲ.①设备事故-事故处理-规定-法律解释-中国 Ⅳ.①D922.545

中国国家版本馆 CIP 数据核字(2023)第 229285 号

中国劳动社会保障出版社出版发行

(北京市惠新东街 1 号 邮政编码:100029)

*

北京市白帆印务有限公司印刷装订 新华书店经销

787 毫米×1092 毫米 16 开本 8 印张 142 千字
2024 年 7 月第 1 版 2024 年 12 月第 2 次印刷
定价:68.00 元

营销中心电话:400-606-6496
出版社网址:http://www.class.com.cn

版权专有 侵权必究

如有印装差错,请与本社联系调换:(010)81211666
我社将与版权执法机关配合,大力打击盗印、销售和使用盗版图书活动,敬请广大读者协助举报,经查实将给予举报者奖励。
举报电话:(010)64954652

前　言

2009年7月实施的《特种设备事故报告和调查处理规定》（国家质量监督检验检疫总局令第115号，以下简称"原《规定》"），对落实《特种设备安全监察条例》（国务院令第549号）、加强特种设备安全管理、依法规范特种设备事故报告和调查处理工作发挥了重要作用。

近年来，随着经济社会的快速发展和特种设备数量的迅猛增长，尤其是2014年1月《中华人民共和国特种设备安全法》正式实施，原《规定》的部分内容已不适应特种设备事故报告和调查处理工作的实际需要，表现在特种设备事故定义过于宽泛笼统、特种设备安全监管范围发生变化、事故信息上报要求不够明确、事故调查处理程序不够清晰等。

2017年，特种设备安全监察局启动了原《规定》的修订工作。2018年，在三次起草工作会议研讨和两次（同年5月和7月）征求原质检系统内部意见的基础上，形成征求意见稿。2019年3月，特种设备安全监察局征求地方意见；同年5月，在厦门召开征求意见座谈会，通过国家市场监督管理总局官网向社会征求公众意见，取得突破性进展；同年11月，通过中国政府法制信息网向社会征求公众意见，形成送审稿。2020年11月，《特种设备事故报告和调查处理规定》（送审稿）送国家市场监督管理总局法规司审查。2021年6月，特种设备安全监察局联合国家市场监督管理总局法规司在江苏进行送审稿的法制审查。

2022年1月7日，国家市场监督管理总局第1次局务会议审议通过《特种设备事故报告和调查处理规定》；2022年1月20日，以国家市场监督管理总局令第50号公布，自2022年3月1日起施行。

为便于基层特种设备安全监管人员使用新施行的《特种设备事故报告和调查处理规定》，国家市场监督管理总局特种设备事故调查处理中心组织专家编写了本书。本书由国家市场监督管理总局特种设备局事故处孙仁山、国家市场监督管理总局法规司乔亮亮提出编写基本原则和合规意见，并对编写内容给予具体指导意见。编写组对资料整理、分章撰稿、统稿审核等进行了明确分工，并定期根据编写进度，组织会议进行集中研讨，重点解决编写的难点和存在的问题。

本书由孙仁山、曹宏伟主编，谢铁军、王辉主审。本书编写分工如下：第一章（总则）由郭怀力、袁晓、杜晨阳、于莹编写；第二章（事故报告）由邱郡、丁苛、曹宏伟编写；第三章（事故调查）由石少华、王海秦、成德芳、王辉、赵建平、艾志斌、赵枫编写；第四章（事故处理）由石少华、王海秦、王景康、成德芳、于在海、赵建平、艾志斌、赵枫编写；第五章（附则）由邱郡、丁苛编写。全书由张峥、于莹、邢中华进行统稿。

本书所支持的项目为国家市场监督管理总局科技计划2022MK019。

目 录

第一章 总则	(1)
第二章 事故报告	(31)
第三章 事故调查	(42)
第四章 事故处理	(83)
第五章 附则	(103)
附录	(106)

第一章 总 则

　　本章共 6 条，主要明确制定《特种设备事故报告和调查处理规定》（国家市场监督管理总局令第 50 号，以下简称"本规定"）的目的、依据，规定特种设备事故的定义、范围以及不属于特种设备事故的情形，确定各级市场监督管理部门开展特种设备事故报告和调查处理工作的职责，提出事故报告和调查处理工作的原则、任务、禁止事项以及处理措施。本规定以特种设备安全为出发点，通过明确相关人员的不安全行为范围、增加事故排除条款两个限制，进一步厘清特种设备事故的定义与范围，细化特种设备法律法规对事故报告和调查处理的相关要求，形成特种设备事故报告和调查处理工作的法律体系，提高事故报告和调查处理工作的规范性和可操作性。

　　第一条 为了规范特种设备事故报告和调查处理工作，及时准确查清事故原因，明确事故责任，预防和减少事故发生，根据《中华人民共和国特种设备安全法》《特种设备安全监察条例》等有关法律、行政法规的规定，制定本规定。

【释义】

本条是关于制定本规定的目的和依据的规定。

一、制定本规定的目的

　　特种设备是国民经济的重要基础装备，也是人民群众生活中不可或缺的重要基础设施，广泛应用于石油、化工、电力、机械、建筑、冶金、船舶、交通运输、纺织、轻工、医药、航空航天以及旅游、娱乐等领域或场所，涉及生产安全领域和公共安全领域。

　　锅炉、压力容器、压力管道等承压类特种设备具有爆炸、泄漏等危险性，电梯、起重机械、客运索道、大型游乐设施、场（厂）内专用机动车辆等机电类特种设备具有失稳、失效、撞击、倒塌等危险性，如果特种设备本体及安全装置损坏、存在缺陷或在生产、使用等环节管理不严、操作不当等，则容易引发事故，导致人员伤亡、设备损毁、环境破坏，造成巨大的财产损失和严重的社会影响。鉴于特种设备具有危险性的特点及其在经济、社会生活中特殊的重要性，党和国家历来高度重视其安全问题，并通过立法、采取行政手段等强制措施予以专门的监督管理，事前对特种设备安全进行风险分级管控和隐患排查治理，事中对特种设备突发事件启动应急响应和进行应急处置，事后成立特种设备事故调查组进行调查处理。其中，开展事故调查处理工作是特种设备安全监督管理工作的重要环节，通过查清事故经过和事故原因，明确事故责任，从事故中总结和吸取教训，并提出整改措施，从制度上、源头上有效防范和减少特种设备事故的发生，保障人民群众人身和财产安全。因此，为加强特种设备事故报告和调查处理工作，本条修订的目的主要体现为以下两个大的方面。

（一）规范特种设备事故的报告和调查处理工作

1. 事故调查处理主体调整

开展特种设备安全监督管理工作的主体发生变化，需修改原《规定》，对开展特种设备事故调查处理的主体进行调整。

2018年3月，根据中共中央印发的《深化党和国家机构改革方案》第三十四项规定，组建国家市场监督管理总局，作为国务院直属机构。特种设备安全监督管理职责由原国家质量监督检验检疫总局划入新组建的国家市场监督管理总局，其内设机构特种设备安全监察局按照"三定"方案承担"按规定权限组织调查处理特种设备事故并进行统计分析"的职责。随后，全国各地特种设备安全监督管理部门也相应进行调整和改革，特种设备安全监督管理主体变更为各级市场监督管理部门。

2. 事故调查处理程序改进

特种设备安全监督管理法规体系不断完善，需要对特种设备事故调查处理工作程序作进一步改进。

2009年5月，为贯彻执行《特种设备安全监察条例》（国务院令第549号）第六章对特种设备事故报告和调查处理等事项作出的专门规定，在借鉴1997年发布的《锅炉压力容器压力管道设备事故处理规定》（劳动部令第8号）和整合2001年发布的《锅炉压力容器压力管道特种设备事故处理规定》（国家质检总局令第2号）的基础上，国家质检总局颁布原《规定》，对开展特种设备事故调查处理工作作出规定，解决了自2003年发布《特种设备安全监察条例》（国务院令第373号）以来，各地在长期组织开展特种设备事故调查处理工作中，在程序和方法上存在依据不足、缺少规范的难题，并起到了重要的指导作用。

2013年6月29日，第十二届全国人民代表大会常务委员会第三次会议通过《中华人民共和国特种设备安全法》（以下简称《特种设备安全法》），将特种设备领域的安全保障上升到国家法律层面，形成我国特种设备法律—行政法规—部门规章—安全技术规范—相关应用标准"五层结构"的法律法规体系，调整特种设备安全责任主体、监督管理环节，进一步明确特种设备安全监督管理范围和监督管理方式。特别是该法第七十二条，直接授权各地设区的市级以上各级人民政府负责特种设备安全监督管理部门为分级组织特种设备事故调查处理工作的主体。

近年来，为贯彻落实国务院有关简政放权、放管结合、优化服务改革措施等要求，国家市场监督管理总局持续开展法规标准清理工作，先后废止《特种设备质量监督与安全监察规定》《起重机械安全监察规定》等规章，修改《大型游乐设施安全监察规定》《气瓶安全监察规定》等规章和安全技术规范，颁布实施了《市场监督管理行政处罚程序暂行规定》《特种设备安全监督检查办法》等规章和《特种设备使用管理规则》《锅炉安全技术规程》《气瓶安全技术规程》《特种设备生产和充装单位许可规则》等安全技术规范。这些法规、规范的制修订，进一步优化了特种设备安全监督管理方式，有利于落实特种设备安全责任主体的责任，但对特种设备事故调查处理工作也提出了新的要求，需要对特种设备事故调查处理工作程序作进一步改进。

3. 事故报告和调查处理程序予以规范

根据开展特种设备事故调查处理工作的实践情况，需要对原《规定》予以修订，对事故报告和调查处理程序予以规范。

特种设备事故报告和调查处理工作作为特种设备安全监督管理工作的重要环节之一，是一项非常严肃、非常重要的工作。这项工作是在各级人民政府的领导下，由市场监督管理部门会同应急管理、公安等相关政府部门组成事故调查组，共同开展事故调查处理工作。由于特种设备安全工作涉及生产单位、使用单位、经营单位、检验检测机构、政府部门、行业协会、社会公众等多个主体，特别是《特种设备安全法》实施后，对特种设备的监督管理方式和范围，以及相关责任主体行为规范均进行了调整，各地在开展事故调查处理工作中不同程度上存在着事故概念界定不清晰、事故原因调查不准确、主体责任认定重点不突出、责任追究不科学、责任人员责任追究不到位、整改措施不落实，以及事故调查处理协调机制不健全、调查工作时间长和效率低等问题，个别地区甚至迟报、瞒报事故。因此，为保证事故报告和调查处理工作依法规范、顺利地开展，客观、公正、高效地进行，有关部门、事故发生单位等各个方面应当相应地调整现有的事故调查处理工作，严格按照法律法规的规定开展事故报告和调查处理工作。这也要求必须修订原《规定》，从部门规章层面明确相应的事故调查处理操作规范，对事故报告和调查处理的组织体系、工作程序、时限要求、行为规范等作出明确规定，特别是明确事故发生单位及其有关人员，政府、有关部门及其有关人员以及其他单位和个人在事故报告和调查处理中的责任。

（二）明确事故调查处理工作的目标要求

1. 及时准确查清事故原因

事故原因是事故发生过程中，人、物、环境、管理以及应急处置等因素对相关事件发生、发展以及危害后果依次产生作用或影响而形成的内在逻辑关系。查清事故原因，是事故调查处理的首要任务和工作内容，是事故调查过程中最重要的环节和难点，贯穿事故调查的整个过程，也是下一步分清责任，出具处理意见的基础。

查清事故原因，重在及时、准确。所谓及时，就是应在规定的时间内尽快查出事故原因。所谓准确，是指应当客观地、全面地反映事故发生的原因。

2. 明确事故责任

特种设备生产、经营、使用、检验检测等单位承担的安全主体责任，是指在特种设备生产、经营、使用、检验检测等环节及其活动全过程中，按照《特种设备安全法》和有关法律法规的规定必须履行义务、承担责任。本规定要求明确事故责任指事故调查处理过程中，要查明事故的类型，明确具体责任。事故性质如果是责任事故，就应当查明对事故负有责任的单位或人员，并认定其责任。

3. 预防和减少事故发生

特种设备安全工作的最终目的是防止和减少特种设备事故的发生。《特种设备安全法》第一条、《特种设备安全监察条例》第一条均明确规定了立法的目的是加强特种设备安全工作，预防特种设备事故，保障人身和财产安全，促进经济社会发展。

特种设备安全工作包括事前预防、事中应急处置和事后调查处理等方面。事前预防是防止事故发生的有效措施，把预防特种设备事故的发生放在安全工作的首位，特种设备安全工作主要是谋事在先、尊重科学、探索规律，采取有效的事前控制措施，千方百计预防事故的发生，做到防患于未然，将事故消灭在萌芽状态。

事前预防，就是将所有能够造成事故的因素，从设计、制造、安装、改造、修理到使用和检验等环节都要考虑到。对生产（设计、制造、安装、改造、修理）单位实施资质许可；对检验、检测机构进行核准；对作业人员和检验检测人员进行资格考核，开展证后监督检查；强化质量保证体系的建立和运行工作，实施设计文件鉴定（锅炉、气瓶、大型游乐设施、客运索道、氧舱）、设计单位许可（压力容器、压力管道）及制造（安装、改造、重大修理）过程监督检验制度；对使用环节，明确机构及人员的职责、管理和考核办法，设立设备使用登记（充装许可）制度，实施定期检验制度，落实常规监督检查、专项监督检查等，采取必要的技术、行政、管理等手段和措施，提高特种设备质量安全水平，控制特种设备本身的风险，消除安全隐患，以达到安全使用的目的。在科学技术、管理工作发展过程中，由于人们认识的局限性，完全不出事故是难以实现的，应当力争将事故数量和发生概率保持在可控范围内，坚决遏制重特大安全事故发生。

事中应急处置，本规定中主要体现在第二章，强调事故发生单位应及时、准确报告事故信息，并及时启动应急预案，先行进行应急处置。要求政府相关部门派人员赶赴现场，在地方政府统一指挥下，开展应急处置工作，目的在于将事故造成的损失降到最低程度。

事后处理，就是通过事故调查处理，及时、准确地查清事故经过、事故原因和事故损失，查明事故性质，认定事故责任，提出处理建议和整改措施。具体包括：一是对事故责任者进行责任追究；二是督促事故发生单位认真反思，查找特种设备安全管理方面的不足，全面落实整改措施；三是吸取教训，举一反三，开展事故警示教育，有效堵塞漏洞，坚决防止同类事故再次发生。负有安全监管职责的部门应当加强对整改落实情况进行监督检查。

二、制定本规定的依据

（一）本规定的法律定位

法律和行政法规适用于全国各地区、各部门和各行各业，是各部门制定规章的依据。《中华人民共和国立法法》第九十一条规定，国务院各部、委员会、中国人民银行、审计署和具有行政管理职能的直属机构，可以根据法律和国务院的行政法规、决定、命令，在本部门的权限范围内，制定规章。部门规章规定的事项应当属于执行法律或者国务院的行政法规、决定、命令的事项。

部门规章是在本部门的权限范围内制定和发布的，调整本部门范围内的行政管理关系的，并不得与宪法、法律和行政法规相抵触的规范性文件，主要形式是命令、指示、规定等。

国家市场监督管理总局是国务院具有行政管理职能的直属机构，有权依据《特种设备安全法》《特种设备安全监察条例》，在权限范围内制定关于执行特种设备事故报告和调查处理工作的部门规章，其相关内容必须与《特种设备安全法》《特种设备安全监察条例》等法律法规中有关要求保持一致；以部门规章的形式规定特种设备事故报告与调查处理相关要求，确保在遵从特种设备相关法律法规基本原则的前提下，进一步明确事故定义、报告时限、调查程序和工作要求等内容，同时保证部门规章具有较高的法律约束力。

（二）法律法规相关条款规定

1. 《特种设备安全法》相关规定

第七十条规定，特种设备发生事故后，事故发生单位应当按照应急预案采取措施，组织抢救，防止事故扩大，减少人员伤亡和财产损失，保护事故现场和有关证据，并及时向事故发生地县级以上人民政府负责特种设备安全监督管理的部门（现为市场监督管理部门，下同）和有关部门报告。县级以上人民政府负责特种设备安全监督管理的部门接到事故报告，应当尽快核实情况，立即向本级人民政府报告，并按照规定逐级上报。必要时，负责特种设备安全监督管理的部门可以越级上报事故情况。对特别重大事故、重大事故，国务院负责特种设备安全监督管理的部门应当立即报告国务院并通报国务院安全生产监督管理部门（现为应急管理部门，下同）等有关部门。与事故相关的单位和人员不得迟报、谎报或者瞒报事故情况，不得隐匿、毁灭有关证据或者故意破坏事故现场。

第七十二条规定，特种设备发生特别重大事故，由国务院或者国务院授权有关部门组织事故调查组进行调查。发生重大事故，由国务院负责特种设备安全监督管理的部门会同有关部门组织事故调查组进行调查。发生较大事故，由省、自治区、直辖市人民政府负责特种设备安全监督管理的部门会同有关部门组织事故调查组进行调查。发生一般事故，由设区的市级人民政府负责特种设备安全监督管理的部门会同有关部门组织事故调查组进行调查。事故调查组应当依法、独立、公正地开展调查，提出事故调查报告。

第七十三条规定，组织事故调查的部门应当将事故调查报告报本级人民政府，并报上一级人民政府负责特种设备安全监督管理的部门备案。有关部门和单位应当依照法律、行政法规的规定，追究事故责任单位和人员的责任。事故责任单位应当依法落实整改措施，预防同类事故发生。事故造成损害的，事故责任单位应当依法承担赔偿责任。

2. 《特种设备安全监察条例》相关规定

《特种设备安全监察条例》第六十一条、第六十二条、第六十三条、第六十四条对属于特种设备特别重大事故、重大事故、较大事故和一般事故的分级进行了规定。

第二条 本规定所称特种设备事故,是指列入特种设备目录的特种设备因其本体原因及其安全装置或者附件损坏、失效,或者特种设备相关人员违反特种设备法律法规规章、安全技术规范造成的事故。

【释义】

本条是关于特种设备事故的定义。

一、安全生产与生产安全事故

(一) 安全生产

安全生产是指在生产经营活动中,为避免发生造成人员伤害和财产损失的事故,有效消除或控制危险和有害因素而采取一系列措施,使生产经营过程在符合规定的条件下进行,以保障从业人员的人身安全与健康、设备和设施免受损坏,环境免遭破坏,保证生产经营活动得以顺利进行的相关活动。

保障生产安全是生产经营单位自身的责任,这既是对社会负责,也是对生产经营者自身利益负责。同时,国家作为社会公共利益的维护者,为了保障人民群众的生命财产安全,为了全体社会成员的共同利益,也必须运用国家权力,加强安全生产工作,对安全生产实施有效的监督管理。

党中央、国务院高度重视安全生产工作。中华人民共和国成立以来,特别是改革开放以来,采取了一系列重大措施加强安全生产工作。国家相继出台了一系列政策规定,例如,2004年印发了《国务院关于进一步加强企业安全生产工作的决定》,2010年印发了《国务院关于进一步加强企业安全生产工作的通知》,2011年印发了《关于坚持科学发展安全发展促进安全生产形势持续稳定好转的意见》,2016年印发了《中共中央 国务院关于推进安全生产领域改革发展的意见》(以下简称"意见")。2021年6月,第十三届全国人民代表大会常务委员会第二十九次会议通过了《关于修改〈中华人民共和国安全生产法〉的决定》,对《中华人民共和国安全生产法》(以下简称《安全生产法》)进行了第三次修正,于2021年9月正式实施。

(二) 生产安全事故

1. 事故是发生于预期之外的造成人身伤害、财产或经济损失的事件

"生产安全事故"概念最早出现在《安全生产法》中,之前,我国对企业在生产活动

中发生的事故表述为"职工伤亡事故"。从《安全生产法》的立法目的"防止和减少生产安全事故，保障人民群众生命和财产安全"和适用范围"从事生产经营活动的单位的安全生产"，可以得出，生产安全事故是指生产经营单位在生产经营活动（包括与生产经营有关的活动）中突然发生的，伤害人身安全和健康、损坏设备设施或者造成直接经济损失，导致生产经营活动暂时中止或永远终止的意外事件。《生产安全事故报告和调查处理条例》（国务院令第493号）规定，生产安全事故根据造成的人员伤亡或者直接经济损失，一般分为4个等级：特别重大事故、重大事故、较大事故、一般事故。

2. 生产安全事故的特征

一是主体的特定性，仅限于从事生产经营活动的单位发生的事故；二是地域范围的延展性，生产安全事故发生的地域范围是不固定的，又是限定在有限范围内的；三是破坏性，生产安全事故对人员或生产经营单位造成了一定的损害结果，造成了人员伤亡（包括急性中毒）或者给生产经营单位造成了直接经济损失，影响了生产经营活动正常开展，产生了严重的影响；四是突发性，生产安全事故是短时间内突然发生的，不同于在某种危害因素长期影响下发生的其他损害事件，如职业病；五是过失性，生产安全事故主要是因人的过失造成的事故，同洪水、泥石流等不可抗力造成的自然灾害有本质的区别，如因违章作业、冒险作业等造成的生产安全事故，以及工作环境不良、设备隐患等原因造成的生产安全事故都是由于人的过失造成的。

3. 自然灾害引发事故的定性

如果属于不能预见或者不可抗拒的自然灾害（包括洪水、泥石流、雷击、地震、雪崩、台风、海啸和龙卷风等）直接造成的事故，属于自然事故；反之，如果属于能够预见或者能够防范可能发生的自然灾害的情况下，因生产经营单位防范措施不落实、应急救援预案或者应急救援措施不力，由自然灾害引发造成人身伤亡或者直接经济损失的事故，属于生产安全事故。

二、特种设备安全与特种设备事故

（一）特种设备安全

1. 特种设备安全监督管理工作发展历程

我国十分重视特种设备安全监督管理工作。1955年，在原劳动部设立国家锅炉检查总局，开展了对锅炉、压力容器、起重机械的安全监督管理工作，对安全监管体制进行了有益的探索。1982年，国务院颁布《锅炉压力容器安全监察暂行条例》，为我国建立锅炉压力容器全过程安全监察制度提供了法规依据。2003年，国务院颁布《特种设备安全监察条例》（国务院令第373号），并且于2009年进行了修订（国务院令第549号），对特种设备的安全监察工作全面发展发挥了重要作用。2014年1月1日，《特种设备安全法》正式施行。《特种设备安全法》是在总结我国特种设备安全监督管理实践经验的基础上制定的一部适合我国国情和国际通行规则的法律，也是中华人民共和国成立以来第一部对各类特种设备安全监督管理工作作出统一、全面规范的法律。从法律上明确特种设备安全的调整范围，理顺特种设备安全监督管理体制，规定各环节特种设备安全主体的责任和义务。

对特种设备实施安全监督管理，是政府的重要职责，是守牢特种设备安全底线的最基本制度，体现了以人为本、安全第一、预防为主、节能环保、综合治理的基本原则，其目的是预防特种设备事故，保障人身和财产安全，促进经济社会发展。

2. 特种设备定义、监管方式和范围

《特种设备安全法》将特种设备定义为：特种设备是对人身和财产安全有较大危险性的设备的总称。特种设备的范围除具备"对人身和财产安全有较大危险性"这一基本特征的锅炉、压力容器（含气瓶）、压力管道、电梯、起重机械、客运索道、大型游乐设施、场（厂）内专用机动车辆八类设备外，还包括"法律、行政法规规定适用于本法的其他特种设备"。

国家对特种设备实行分类的、全过程的安全监督管理，全过程包括设计、制造、安装、改造、修理、经营、使用、检验检测等，一直到报废为止。在这个过程中，每个环节的安全监督管理都是必不可少的，每个环节的问题（包括设备质量、人的行为、环境影响、管理制度等）都会引起连锁反应。通过全过程监督管理，做到从前期论证、设计到最终报废的每个环节都有责任主体，都能进行追溯，以便从整体上保证和提高特种设备的安全可靠性和经济性。

根据《特种设备安全法》授权，经国务院批准，2014年10月，国家质检总局114号公告颁布新修订的《特种设备目录》，目录包括10个种类、48个类别、98个品种，其中有14个类别没有再分品种的特种设备，纳入特种设备监督管理范围。为了帮助有关人员更好地理解和执行《特种设备目录》，同年12月，国家质检总局制定并公布《关于实施新修订的〈特种设备目录〉若干问题的意见》。

对不纳入目录管理的核设施、航空航天器和军事装备上使用的特种设备，《特种设备安全法》第一百条明确规定不适用于本法，并进一步明确铁路机车、海上设施和船舶、矿山井下使用的特种设备以及民用机场专用设备安全的监督管理，房屋建筑工地、市政工程工地用起重机械和场（厂）内专用机动车辆的安装、使用的监督管理，由有关部门依照本法和其他有关法律的规定实施。

3. 特种设备安全工作的原则

一是安全第一。特种设备安全工作同生产工作安全一样，要始终将安全放在第一位，其中人的生命安全是重中之重。特种设备安全工作涉及各方面的利益，尤其是经济利益，因此也会产生矛盾。无论何时何地、无论如何抓经济建设，如果与安全工作产生矛盾，都要守住安全这个"底线"，使安全工作具有一票否决权。二是预防为主。事前预防就是将所有能够造成事故的因素，从设计、制造、安装，到改造、修理、使用等都要考虑到，并且采取必要的技术、行政、管理等手段和措施，以达到安全使用的目的。三是节能环保。坚持安全第一原则，也要考虑节能和环保，支持经济发展。特种设备中有一些设备本身就是高耗能设备，如锅炉、换热压力容器等。对于这些高耗能的特种设备，从设计开始，在保证安全的前提下，就要考虑到材料的使用、结构的合理性、运行方式的科学性等，努力使其达到既安全又节能环保的要求。四是综合治理。特种设备安全工作，涉及生产、经营、使用单位，以及检验和检测机构的责任，涉及全社会的安全意识，需要综合运用法律、经济、行政等手段，从发展规划、行业管理、安全投入、科技进步、经济政策、教育培训、安全文化以及责任追究等方面着手，建立安全生产长效机制，多管齐下，并充分发挥职工、社会、舆论的监督作用，形成标本兼治、齐抓共管的格局。

（二）特种设备事故

由于特种设备广泛分布于生产经营领域和公共生活领域，因而其事故具有生产安全事故或公共安全事故属性。

原《规定》所称特种设备事故，是指因特种设备的不安全状态或者相关人员的不安全行为，在特种设备制造、安装、改造、维修、使用（含移动式压力容器、气瓶充装）、检验检测活动中造成的人员伤亡、财产损失、特种设备严重损坏或者中断运行、人员滞留、人员转移等突发事件。本规定所定义"特种设备事故"是指列入特种设备目录的特种设备因其本体原因及其安全装置或者附件损坏、失效，或者特种设备相关人员违反特种设备法律、法规、规章、安全技术规范造成的事故。原《规定》定义中"不安全状态"无法区分出特种设备事故的例外情形，本规定的定义突出了特种设备的本质安全。应当从以下3个方面理解该定义：

1. 发生事故的特种设备应当是纳入国务院批准的《特种设备目录》内的特种设备。《特种设备目录》范围内的特种设备是潜在危险性较大，一旦发生事故容易造成群死群伤、重大经济损失和较大社会影响的设备。对于发生事故仅可能造成个体伤害，不影响公共安全的,按照设定的压力、容积、功率、速度等参数,将其排除在外。如常压锅炉、常压容器、输送水和口径较小的压力管道,非公共场所安装且仅供单一家庭使用的电梯,额定起重量小于 3 t 的起重机(或额定起重力矩小于 40 t·m 的塔式起重机,或生产率小于 300 t/h 的装卸桥),设计最大运行线速度小于 2 m/s 或者运行高度距地面低于 2 m 的载人大型游乐设施,等等。另外,不应将是否有制造资质作为事故定性的依据。

2. 特种设备因其本体原因及其安全装置或者附件损坏、失效引起的事故。主要是指因特种设备本体、安全保护装置或者附件存在的隐患或者失效、损伤等缺陷发生爆炸、爆燃、泄漏、倾覆、变形、断裂、损伤、坠落、碰撞、剪切、挤压、失控,或者严重故障及受困为主要特征的事故。

3. 特种设备相关人员违反特种设备法律、法规、规章、安全技术规范造成的事故。其中,相关人员主要指特种设备生产、经营、使用、检验及检测等相关方(包括安全管理人员,作业人员,使用人员和检验检测人员);特种设备的法律、法规、规章、安全技术规范是指为了加强特种设备安全工作,预防特种设备事故,保障人身和财产安全,促进经济社会发展,由国家颁布实施的,用以调整和规范特种设备生产(设计、制造、安装、改造、修理)、经营、使用、检验、检测等环节责任主体安全行为的有关法律、法规、规章、规范的总和。如叉车用于非叉车用途的事故属于此种情形。另外,不能以作业人员是否需要持证作为界定相关人员依据。即无论作业人员是否需要持证,都属于相关人员。

特种设备分布在生产安全和公共安全等领域,应用范围较广,而且目前我国安全生产实行综合监管和行业监管相结合,管行业必须管安全的监管体制,有些领域或行业的安全工作已有专门法律、行政法规、规章、规范以及相关标准进行规范。如石油化工行业使用的压力容器和压力管道,其工程项目建设、内在工艺介质、使用和环境等管理要求分别涉及工业和信息化、住房城乡建设、应急管理、自然环境等部门,已有专门法律、行政法规对相关安全事项作出规定。因而,有些领域特种设备相关责任主体的安全工作,还应当执行相关特种设备法律、行政法规、规章、规范。

本规定所称的"违反"主要是指违章指挥、违章操作、操作失误等不安全行为。

《特种设备安全法》规定,锅炉、压力容器(含气瓶)、压力管道、电梯、起重机械、客运索道、大型游乐设施、场(厂)内专用机动车辆等特种设备的作业人员及其相关管理人员统称"特种设备作业人员"。《特种设备安全法》第十四条规定,特种设备安全管理人员、检测人员和作业人员应当按照国家有关规定取得相应资格,方可从事相关工作。

特种设备事故还可以在特种设备的不安全状态或者相关人员的不安全行为共同和相互作用下产生,主要是指:特种设备已经处于不安全状态,影响相关人员产生不安全行为;

或者特种设备已经处于不安全状态，相关人员没有正确操作和处置。

三、特种设备的事故分级

《特种设备安全监察条例》规定，特种设备事故分为特别重大事故、重大事故、较大事故和一般事故4个等级。

四、特种设备事故与生产安全事故

（一）特种设备事故的特征

特种设备事故属于生产安全事故，但具有较明显的专业特殊性，部分特种设备事故超出了生产安全事故范畴，与通常的生产安全事故在专业上有不同的特点，行政管理上也具有不同的要求。特种设备在生产领域广泛使用，其中很多设备如电梯、大型游乐设施、客运索道、气瓶等也在人们的生活中广泛使用。另外，人为破坏、交通事故、自然灾害、不可抗力等引起的事故也经常涉及特种设备。因此，特种设备事故除了具备一般生产安全事故的特征外，还有以下特征：一是特定性，由列入《特种设备目录》、纳入特种设备安全监管范围的特种设备引起，由于特种设备本质缺陷或存在质量问题所造成，具有较强的专业性；二是延展性，虽然发生在特种设备的使用环节，但事故原因也可能延展涉及设计、制造、安装、检验、检测等环节，具有较强的技术特点，例如，压力容器的壳体存在材料错用情况；三是影响性，电梯、大型游乐设施、客运索道等重大设备停止运行、乘客长时间滞留及设备泄漏造成人员转移等虽然未造成人员伤亡或重大直接经济损失，但因社会影响较大，媒体关注度高，也纳入事故范围。

（二）特种设备事故分级因素

从特种设备事故的分级标准可看出，特种设备事故分级除要依据《生产安全事故报告和调查处理条例》规定的事故造成的人员伤亡和直接经济损失两个共性因素外，还要根据特种设备事故的特点，考虑特种设备损坏所造成的其他严重后果及相关情形，比如部分设备爆炸、停止运行危及经济运行安全、设备故障造成乘客受困、设备介质泄漏导致大量人员疏散转移、设备严重损坏造成较大社会影响等。

（三）特种设备事故的界定

一是从事故起因界定，主要表现为特种设备本体及其安全附件的安全状态不能满足正常工作需要而产生事故,特种设备相关人员的不安全行为超出特种设备安全规范造成的事故,在特种设备的不安全状态或者相关人员的不安全行为共同作用下产生的事故。二是从事故后果界定,所谓事故后果,是指特种设备事故造成的人员伤亡、财产损失、特种设备严重损坏或中断运行、人员滞留、人员转移以及重大社会影响。

综上所述,界定事故是否属于特种设备事故,首先判断发生事故的设备是否属于《特种设备安全法》和《特种设备安全监察条例》规定的设备种类和参数,且列入《特种设备目录》的特种设备。其次判断发生事故的原因是否存在因特种设备本体、安全保护装置或者附件失效、损坏,或者特种设备相关人员违反特种设备法律、法规、规章、安全技术规范,发生爆炸、爆燃、泄漏、倾覆、变形、断裂、损伤、坠落、碰撞、剪切、挤压、失控,或者严重故障及受困等突发事件。再次判断事故造成后果程度是否达到《特种设备安全监察条例》规定的伤亡人数或直接经济损失的下限,以及是否造成相关的后果或者影响,即是否符合事故分级的情形之一。最后判断是否符合本规定第三条列举的不属于特种设备事故的情形。

第三条 以下情形不属于本规定所称特种设备事故:

(一)《中华人民共和国特种设备安全法》第一百条规定的特种设备造成的事故;

(二) 自然灾害等不可抗力或者交通事故、火灾事故等外部因素引发的事故;

(三) 人为破坏或者利用特种设备实施违法犯罪导致的事故;

(四) 特种设备具备使用功能前或者在拆卸、报废、转移等非作业状态下发生的事故;

(五) 特种设备作业、检验、检测人员因劳动保护措施不当或者缺失而发生的事故;

(六) 场(厂)内专用机动车辆驶出规定的工厂厂区、旅游景区、游乐场所等特定区域发生的事故。

【释义】

本条是对不属于特种设备事故的情形进行规定性描述。

一、《中华人民共和国特种设备安全法》第一百条特种设备造成的事故的规定

一是军事装备、核设施、航空航天器使用的特种设备安全的监督管理不适用本法。军事装备使用的特种设备、核设施使用的特种设备、航空航天器使用的特种设备由于其特殊性,涉及其安全的监督管理不适用本法。

二是铁路机车使用的特种设备、海上设施和船舶使用的特种设备、矿山井下使用的特

种设备、民用机场专用设备的安全监督管理由有关部门依照《特种设备安全法》和其他有关法律的规定进行。

"铁路机车使用的特种设备"是指：铁路运输车辆的牵引部分。

"海上设施使用的特种设备"是指：海上作业的设施，如海上平台，但不包括港口、码头、陆岸终端使用的特种设备。

"船舶使用的特种设备"是指：适用《中华人民共和国渔业法》《中华人民共和国船舶登记条例》等法律的设备。

"矿山井下使用的特种设备"是指：各类矿山井下使用的设备，不包括矿井地面设备。

"民用机场专用设备"是指：列入国务院民用航空行政主管部门颁布的民用机场专用设备目录，且可能接触民用航空器的摆渡车、牵引车等，但不包括锅炉、压力容器、电梯、起重机械和候机场所使用的场（厂）内专用机动车辆。

三是房屋建筑工地、市政工程工地用起重机械和场（厂）内专用机动车辆的安装、使用的监督管理适用《特种设备安全法》和其他有关法律。关于"两个工地"的范围界定，适用于房屋建筑工地、市政工程工地，范围按照国务院安委办《关于2006年安全生产控制指标中房屋建筑及市政工程范围有关问题的复函》（安委办函〔2006〕45号）执行。

【案例】

2018年12月10日，陕西省汉中市某小区一期项目工地4号塔式起重机（以下简称塔吊）突然发生坍塌，造成包括塔吊司机在内共3人死亡的较大事故，直接经济损失450余万元。

该起事故的直接原因是：一是事故塔吊是在"SCMc5012"型号基础上用多型号、多批次、多厂家零部件拼凑、改装而成"SCMc5510"，平衡臂短了1 m，配重少了920 kg，不符合《SCMc5510塔式起重机安装使用说明书》（事故单位制定）规定的整机配置安全技术条件；二是事故塔吊塔身第七标准节下部东南方位主弦杆角钢有近二分之一的横向断裂陈旧伤，结构完整性被破坏；三是事故塔吊起重力矩限制器失效，在事故工况点起吊物严重超载，塔吊处于严重超负荷运行状态；四是事故塔吊自由端高度达25.5 m，超过安装使用说明书规定范围的13.33%，塔身自由端稳定性下降。

该事故设备虽然纳入《特种设备目录》，但因发生在房屋建筑工程工地，经调查组认定：该起塔吊坍塌较大事故是一起因建筑施工机械租赁企业违法出租不符合安全技术条件的塔吊，安装单位违规安装，检测单位违规检测，使用单位违规组织验收、违规使用，监理单位失察失管，监管机构失职失责，行业主管部门对建筑施工机械安全管理工作疏于指导、监管不力，相关县（区）人民政府安全生产工作履职不到位而导致该起事故不符合特种设备事故定义范畴。

二、自然灾害等不可抗力或者交通事故、火灾事故等外部因素引发的事故

（一）自然灾害等不可抗力

不可抗力是不能预见、不能避免且不能克服的客观情况。不可抗力可以是自然因素引起的，也可以是人为、社会因素引起的。前者如地震、水灾、旱灾等，后者如战争、政府禁令、罢工等。《中华人民共和国民法典》第一百八十条规定：因不可抗力不能履行民事义务的，不承担民事责任。法律另有规定的，依照其规定。

【案例】

2014年11月22日，四川省甘孜藏族自治州康定县发生6.3级地震，泸定县某小区居民在乘坐电梯逃生时因电梯故障被困。泸定县消防队接警后立即赶赴现场，对电梯墙壁进行破拆，3人在被困2小时后成功获救。因地震导致电梯突发故障，造成乘梯人员被困引发事故，不符合特种设备事故定义范畴。

（二）交通事故

按照我国相关法律的规定，道路交通事故是指车辆在道路上因过错或者意外造成的人身伤亡或者财产损失的事件。构成交通事故应当具备下列要素：一是必须是车辆造成的。车辆包括机动车和非机动车，没有车辆就不能构成交通事故，例如，行人与行人在行进中发生碰撞的就不构成交通事故。二是在道路上发生的。道路是指公路、城市道路和虽在单位管辖范围但允许社会机动车通行的地方，包括广场、公共停车场等用于公众通行的场所。三是在运动中发生。是指车辆在行驶或停放过程中发生的事件，若车辆处于完全停止状态，行人主动去碰撞车辆或乘车人上下车的过程中自身发生的挤、摔、伤亡的事故，则不属于交通事故。四是有事件发生。是指有碰撞、碾轧、刮擦、翻车、坠车、爆炸、失火等其中的一种现象发生。五是必须有损害后果的发生。损害后果仅指直接的损害后果，且是物质损失，包括人身伤亡和财产损失。事故的报告和调查处理遵照《安全生产法》《道路交通

安全法》等法律法规执行。

【案例】

2020年6月13日，浙江省台州市某高速公路出口下匝道发生一起液化石油气运输槽罐车重大爆炸事故，共造成20人死亡、175人受伤，直接经济损失9 470余万元。

事故直接原因是驾驶员从限速60 km/h路段行驶至30 km/h的弯道路段时，未及时采取减速措施导致车辆发生侧翻，罐体前封头猛烈撞击跨线桥混凝土护栏端头，形成破口，在冲击力和罐内压力的作用下快速撕裂、解体，罐内液化石油气迅速泄出、汽化、扩散，遇经过机动车产生的火花爆燃，发生蒸汽云爆炸。最终事故调查组认定，"6·13"液化石油气运输槽罐车爆炸事故是一起液化石油气运输槽罐车超速行经高速匝道引起侧翻、碰撞、泄出，进而引发爆炸。该起事故不符合特种设备事故定义范畴。

(三) 火灾事故

火灾事故是指在时间或空间上失去控制的燃烧而引发的事故《消防词汇 第1部分：通用术语》(GB/T 5907.1—2014)。火灾事故责任认定是指火灾发生后，应急管理部门在查明火灾原因的基础上，依法对责任人承担何种责任进行认定的行为。适用于《中华人民共和国消防法》《生产安全事故报告和调查处理条例》《火灾事故调查规定》《消防安全责任制实施办法》《关于深化消防执法改革的意见》《安全生产行政执法与刑事司法衔接工作办法》等法律法规和有关政策文件。

【案例】

2013年6月3日，吉林省德惠市某公司主厂房发生特别重大火灾爆炸事故，共造成121人死亡、76人受伤，17 234 m² 主厂房及主厂房内生产设备被损毁，直接经济损失1.82亿元。事故直接原因是涉事公司主厂房一车间女更衣室西面和毗连的二车间配电室的上部电气线路短路，引燃周围可燃物。造成火势迅速蔓延的主要原因之一是当火势蔓延到氨设备和氨管道区域，燃烧产生的高温导致氨设备和氨管道发生物理爆炸，大量氨气泄漏，介入了燃烧。该起事故不符合特种设备事故定义范畴。

三、人为破坏或者利用特种设备实施违法犯罪导致的事故

人为破坏,其行为涉嫌故意毁坏公私财物,情节较轻的,是一般违反治安管理行为,将被处行政拘留。损毁公私财物数额较大或有其他严重情节的将构成故意毁坏财物罪。按照《中华人民共和国刑法》第二百七十五条规定,故意毁坏公私财物,数额较大或者有其他严重情节的,处三年以下有期徒刑、拘役或者罚金;数额巨大或者有其他特别严重情节的,处三年以上七年以下有期徒刑。

利用特种设备实施犯罪的行为,涉嫌触犯《中华人民共和国刑法》第二编第二章危害公共安全罪,其中主要涉及第一百一十六条至一百一十九条规定的破坏公用设施类犯罪情形。

【案例】

某年12月20日,湖北省武汉市城管执法人员发现某餐馆店主在餐馆后门处私自搭建,违章占道经营,执法人员劝阻后店主抵抗执法,双方发生争执。随后,店主便从店内抱出一个煤气罐,并旋开阀门点燃煤气,准备冲到执法人员面前。僵持中,由于煤气罐越烧越热,越来越烫手,店主把持不住将罐子丢下跑开,此时地处斜坡,煤气罐顺势滚到了下坡的执法车下,顿时燃起熊熊大火。消防人员及时赶到,有效控制了火势,将火扑灭。大火将执法的卡车烧黑,4扇车门掉了3扇,玻璃碴散落一地。车内一片狼藉,座椅和方向盘均被烧变形。该起事故不符合特种设备事故定义范畴。

四、特种设备具备使用功能前或者在拆卸、报废、转移等非作业状态下发生的事故

(一) 具备使用功能前

本规定对于承压类特种设备而言,是指制造环节的总体耐压试验前;对于机电类设备一般是指安装企业自检完成前。电梯井道的土建工程必须符合建筑工程质量要求。电梯安装施工过程中,电梯安装单位应当遵守施工现场的安全生产要求,落实现场安全防护措施。电梯安装施工过程中,施工现场的安全生产监督由有关部门依照有关法律、行政法规的规定执行。

【案例】

2021年11月8日，广东省广州市某公司研发中心项目工地正在安装的曳引乘客电梯发生事故，造成1人死亡。事故直接原因一是作业环境存在危险因素。涉事电梯井道内，位于对重架运行轨道背面的井壁上存在一条向外凸出的扁铁，当对重架在上下运行中经过扁铁位置时，由于对重架存在前后方向的晃动，扁铁与对重块发生触碰、挤压，并产生将对重块向外顶出的作用力。二是安全防护措施缺失。对重架上的对重块未采取可靠固定措施，导致对重块在受到扁铁向外顶出的作用力时发生松脱而坠落。轿顶简易工作平台未设置头顶保护装置，导致上方发生物体坠落时作业人员未能得到防护。三是作业人员安全意识不足，对作业环境的安全风险缺乏辨识。作业人员在电梯井未完全清除凸出物件、对重块未可靠固定的情况下，在未设置头顶保护装置的轿顶简易工作平台上作业，对作业环境中存在的安全风险缺乏辨识，导致身处危险作业环境而不自知。该起事故不符合特种设备事故定义范畴。

（二）拆卸

【案例】

2017年5月30日，山东省济南市某施工现场，一台龙门吊在拆除过程中发生倾覆，事故造成现场人员6人死亡、1人受伤。事故直接原因是：按照拆除方案，该起重机械应当由设备产权单位负责拆除，现场施工人员在专业拆除队伍未到前，项目负责人违章下达作业指令，指挥本单位人员在未先行采取可靠技术措施的情况下，违反设备拆除技术规范进行实质性拆除工作，造成起重机械整体倾覆。该起事故是因违章指挥、违章作业造成的与特种设备有关联的较大生产安全事故。

（三）报废

《特种设备使用管理规则》（TSG 08—2017）第3.10条规定，产权单位按台（套）登记的特种设备，应当填写"特种设备停用报废注销登记表"，向登记机关办理报废手续，将使用登记证交回登记机关，并采取必要措施消除该特种设备的使用功能，视为报废。

【案例】

2021年4月29日，广东省深圳市某再生资源有限公司员工谢某、段某到废品切割场做上班前的准备工作。19时02分许，谢某、段某为了拆除乙炔气瓶的瓶阀，遂将乙炔气瓶抬到涉事剪切机的剪切刀口压紧固定，两人经过数次尝试均未能将乙炔气瓶的瓶阀取下。段某与谢某经商量，决定将乙炔气瓶直接剪切。当段某操作涉事剪切机进行剪切时乙炔气瓶发生爆炸，谢某随即被飞出的罐体击中腹部后受伤倒地。事故共造成1人死亡，直接经济损失约120万元。事故直接原因是：谢某、段某安全意识淡薄，违规使用剪切机压紧乙炔瓶的瓶体并拆卸瓶阀，事发时未经消除使用功能的乙炔瓶内仍有压力，在违规拆除乙炔气瓶瓶阀未果的情况下，段某冒险操作涉事剪切机剪切乙炔气瓶，造成乙炔排出，剪切产生的火花使乙炔瓶发生爆炸，谢某被飞出的罐体击中死亡。该起事故不符合特种设备事故定义范畴。

（四）非作业状态

作业一般是指为了某种目的所进行的消耗人力、技术、原材料、方法和环境等资源的活动。本规定所指非作业状态是指未利用特种设备使用功能，在规定条件下以实施或者实现某种目的的活动状态，如在运输流动式起重机过程中起重机发生倾覆，承压类设备停机检修过程中进入受限空间作业发生事故。但空车往返或作业后空车返回停放点等活动状态属于作业状态。

五、特种设备作业、检验、检测人员因劳动保护措施不当或者缺失而发生的事故

《用人单位劳动防护用品管理规范》（2018年修改）第三条规定，劳动防护用品，是指由用人单位为劳动者配备的，使其在劳动过程中免遭或者减轻事故伤害及职业危害的个人防护装备。第四条规定，劳动防护用品是由用人单位提供的，保障劳动者安全与健康的辅助性、预防性措施，不得以劳动防护用品替代工程防护设施和其他技术、管理措施。典型劳动防护用品包括安全帽、安全带、绝缘鞋、防护面具等。

【案例】

2020年3月20日，湖南省湘潭市某燃气有限公司对液化气储罐进行清污除锈作业时，发生一起有限空间中毒和窒息事故，造成2人死亡，直接经济损失188万元。经调查，承包作业人员贾某、宋某在对事故单位液化气储罐进行清污除锈作业时，未严格遵守有限空间作业流程规定，未落实作业审批制度，未对储罐进行通风检测，风险管控不到位。因储罐里含有大量的有毒气体，宋某未佩戴任何劳动防护用品违规冒险作业，导致中毒窒息死亡，贾某发现后盲目施救（也未采取任何安全措施），同样中毒窒息死亡。操作人员未佩戴任何劳动防护用品违规冒险作业，违反有限空间作业流程规定引发事故，不符合特种设备事故定义范畴。

六、场（厂）内专用机动车辆驶出规定的工厂厂区、旅游景区、游乐场所等特定区域发生的事故

依据《特种设备安全法》《特种设备目录》《场（厂）内专用机动车辆安全技术规程》，纳入监管的场（厂）专用机动车辆使用区域，限定为工厂厂区、旅游景区、游乐场所。其中，工厂厂区指有明确管理边界，从事加工、组装等的制造厂厂区、港口（码头）、铁路货场和物流园区；旅游景区指有明确管理边界，纳入风景游览区、公园、动物园、植物园范畴管理的区域；游乐场所指有明确管理边界，纳入游乐场、主题乐园范畴管理的区域。若干特殊案例，如租借叉车到登记使用地址之外的另一处工厂厂区进行作业的事故，则不适用于此类情形。

【案例】

2020年5月23日，广西壮族自治区河池市某景区韦某驾驶"厂内桂M00197"观光车接上18名游客，行驶至景区美食广场至景点等外公路下坡十多米处时，疑似发生刹车失灵，韦某立即采取紧急避险措施，行驶至等外公路转弯处时车辆撞向山体，由于强烈碰撞造成1人死亡、18人受伤，其中1人重伤。这起事故的直接原因是"厂内桂M00197"观光车驾驶员韦某违反行车许可路线，行驶至超出该车允许的最大行驶坡度的路线（实际坡度19度），并且多次往返该路线，造成车辆制动系统发热导致制动性能下降，在惯性作用

下加速行驶，在避险的过程中碰撞路边山体，从而引发事故。事故车辆在申请检验时是以非公路用旅游观光车辆名义进行申请，但使用时却未在特定区域内（核准的线路图）行驶，而是在公路上行驶，已超出《特种设备目录》中的非公路用旅游观光车辆范畴，不纳入《特种设备安全法》监管范围，是因旅游观光车辆制动失效引发的事故。该起事故不符合特种设备事故定义范畴。

第四条 国家市场监督管理总局负责监督指导全国特种设备事故报告、调查和处理工作。

各级市场监督管理部门在本级人民政府的领导和上级市场监督管理部门指导下，依法开展特种设备事故报告、调查和处理工作。

【释义】

本条是关于各级市场监督管理部门在特种设备事故报告、调查和处理工作中的分工规定。

《特种设备安全法》规定的特种设备安全监督管理工作包括：对特种设备生产、经营、使用单位和检验、检测机构实施的行政许可、监督检查、行政执法、应急管理、事故的调查处理等。

一、特种设备安全监管体制

《特种设备安全法》规定，国务院特种设备安全监督管理部门对全国特种设备安全实施监督管理；国务院有关部门依照法律、行政法规的规定，在各自职责范围内对有关的特种设备安全实施监督管理。在强化特种设备综合监管部门职能的基础上，也明确了其他部门的管理职责。

对特种设备实行专项安全监督管理，是我国的一贯做法，也是世界各国的通行做法。中编办《国家市场监督管理总局职能配置、内设机构和人员编制规定》（2018年）第四条第（十八）项，明确规定内设机构特种设备安全监察局的职责为"按规定权限组织调查处理特种设备事故并进行统计分析"。

二、特种设备安全监督管理部门的职责

国家市场监督管理总局主要负责对特种设备安全监督管理工作的统一管理，制定相关规章、安全技术规范及相关标准。县级以上地方市场监督管理部门主要负责监督管理工作

的具体实施，包括对生产、经营、使用单位的监督检查、行政许可的实施以及对违法行为的查处。

各级特种设备安全监督管理部门的具体分工，在有关规章和安全技术规范中进一步明确。

三、关于依法开展特种设备事故报告、调查和处理工作

党的十八届四中全会通过的《中共中央关于全面推进依法治国若干重大问题的决定》明确提出，要"深入推进依法行政，加快建设法治政府"。行政机关实施行政管理，应当依照法律、法规、规章的规定进行，遵循公平、公正的原则，要严格遵循法定程序，依法保障行政管理相对人、利害关系人的知情权、参与权和救济权。应当遵守法定时限，积极履行法定职责，提高办事效率，公布的信息应当全面、准确、真实。行政机关必须依照法律规定的职权、职责行政，做到权责统一。

本规定的第二章对特种设备事故报告进行了详细规定。特种设备事故的调查处理工作是一种行政执法行为。事故发生后，事故调查处理应当严格遵守《特种设备安全法》等有关法律、法规的规定，如事故调查主体的组成、调查程序和调查证据材料的审查，事故性质、原因分析和责任认定等过程，要求程序规范和调查结果公正。

四、关于特种设备事故的统计

（一）特种设备事故统计

事故统计是以事故报告情况和事故调查结果为素材，从宏观上探索事故发生原因及规律的过程。通过事故的综合统计分析，可以了解一个行业、地区在某一时期内特种设备的安全形势，掌握事故发生、发展的规律和趋势，探求事故发生的原因和有关的影响因素，从而为有效地采取预防事故措施提供依据，为宏观事故预测、预防及决策提供依据。

特种设备事故的统计指标为：一是绝对指标，如事故起数、死亡人数、受伤人数（分重伤和轻伤）、直接经济损失；二是相对指标，如万台设备事故率、万台设备死亡人数。

事故统计分析的基本方法：一是进行行业事故的对比分析。依据特种设备事故的主要统计指标，与安全生产各领域、行业的指标进行对比。二是进行地区之间的事故对比分析。依据特种设备事故的主要统计指标，进行地区之间的指标对比，或者与国外发达国家事故指标进行对比。三是与特种设备领域不同时期的事故发生情况进行对比，评估安全状况或安全形势是否有所改善。四是发现事故预防工作存在的主要问题，研究事故发生原因，以

便采取措施防止事故发生。

(二) 特种设备事故统计信息上报

为进一步规范生产安全事故统计工作，及时、全面掌握全国生产安全事故情况，深入分析全国安全生产形势，科学预测全国安全生产发展趋势，为安全生产监管工作提供可靠的信息支持和科学的决策依据，2016 年 6 月国家安监总局、公安部、农业部、国家质检总局、民航局联合发布了《关于做好生产安全事故统计信息归口直报工作的通知》（安监总局统计〔2016〕70 号），要求从 2016 年 7 月 1 日起，生产安全事故统计信息全面实行安全监管部门归口直报；县级特种设备安全监督管理部门要及时向县级安全监管部门通报生产经营单位在生产经营活动过程中发生的特种设备事故信息。2020 年，根据《安全生产法》《统计法》《统计法实施条例》《生产安全事故报告和调查处理条例》和《部门统计调查项目管理办法》的有关规定，应急管理部和国家统计局联合制定《生产安全事故统计调查制度》（应急〔2020〕93 号），进一步强化措施，提高生产安全事故统计质量。

第五条　特种设备事故报告应当及时、准确、完整，任何单位和个人不得迟报、漏报、谎报或者瞒报。

特种设备事故调查处理应当实事求是、客观公正、尊重科学，及时、准确地查清事故经过、事故原因和事故损失，查明事故性质，认定事故责任，提出处理建议和整改措施。

【释义】

本条是关于特种设备事故报告的总体要求及事故调查处理原则和任务的规定。

一、对事故报告的总体要求

事故报告应当及时、准确、完整，任何单位和个人不得迟报、漏报、谎报或者瞒报。这是本规定对事故报告提出的总体要求，是根据实践中事故报告存在的主要问题提出的，具有很强的现实针对性。

事故发生后，及时、准确、完整地报告事故，对于快速有效地组织事故救援、减少事故损失、开展事故调查具有非常重要的意义。实践中，一些单位和个人，包括事故发生单位有关人员、地方政府、部门及其有关人员在事故发生后，不及时报告事故或者漏报、谎报、瞒报事故的情况时有发生，有的甚至采取破坏现场、销毁证据等恶劣手段。以上情况发生的原因：一是不负责任，造成迟报、漏报；二是为逃避事故责任追究，故意谎报或瞒报。但无论什么原因，无论什么人，这种行为都是不被允许的。针对实践中事故报告存在的主要问题，本规定从正反两方面，对事故报告提出了上述总体要求。

二、如何做好事故报告

1. 按照《特种设备安全法》的规定，事故发生单位报告事故信息实行两条线报告制度，即同时向事故发生地县级以上人民政府负责特种设备安全监督管理的部门和有关部门报告，这是由我国安全生产监管体制决定的。我国目前实行安全生产综合监管和专项监管相结合的体制，因此事故报告理应实行两条线报告制度。以上描述的有关部门一般指应急管理部门，还可以包括事故发生单位的有关行业领域主管部门。另外，事故发生单位报告事故信息，通常就近向事故发生地县级人民政府负责特种设备安全监督管理的部门和有关部门报告，而《特种设备安全法》第七十条第一款规定为"向县级以上人民政府负责特种设备安全监督管理的部门和有关部门报告"，主要是考虑特殊情况下允许事故发生单位越级上报事故信息。对事故发生单位报告事故信息的时限、要求等的具体规定，依据本规定执行。

2. 《特种设备安全法》对特种设备安全监督管理部门逐级上报事故信息作出规定。部门间的逐级上报同样实行两条线报告制度，即同时向所在地本级人民政府和上一级部门报告。此规定是考虑特种设备事故应急救援和事故调查处理工作必须在各级政府的领导下进行，同时事故调查又由不同层级的特种设备安全监督管理部门组织进行，该规定十分必要。

三、关于事故报告的纪律要求

由于存在逃避问责的侥幸心理，一些具有事故报告责任与义务的单位和人员钻法律漏洞，采取迟报、漏报、谎报和瞒报或介于两者之间的手段，想尽一切办法"大事化小、小事化了"。为保证相关部门及时、准确了解事故信息，抑制上述行为，同时考虑"客观""主观"执行中难于甄别，仍容易让别有用心之人钻漏洞的实际，《特种设备安全法》提出"不得迟报、谎报或者瞒报事故情况"的规定，但未列入"漏报"的概念，本规定对此进行细化。报告事故的时间超过本规定的时限要求的，属于迟报；故意不如实报告本规定要求报告的事故发生的有关内容的，属于谎报；故意隐瞒已经发生的事故，并经有关部门查证属实的，属于瞒报。

为了惩戒和最大限度地抑制上述违法行为，保证相关部门及时、准确掌握事故的全部信息，《安全生产法》对"隐瞒不报、谎报或者迟报"事故行为作了禁止性规定。《特种设备安全法》第八十九条规定，对单位和个人分别处相应的罚金。2022年4月，国务院安委会出台了"十五条硬措施",其中第十四条为"严肃查处瞒报谎报迟报漏报事故行为"。

对于有关地方人民政府、负有安全生产监督管理职责的部门,对生产安全事故隐瞒不报、谎报或者迟报的,依照《安全生产法》第一百一十一条的规定,对直接负责的主管人员和其他直接责任人员依法给予处分;构成犯罪的,依照刑法有关规定追究刑事责任;《特种设备安全法》第九十四条规定,对负责特种设备安全监督管理的部门及其工作人员由上级机关责令改正,对直接负责的主管人员和其他直接责任人员,依法给予处分。对"直接负责的主管人员和其他直接责任人员"的确定,参考《市场监督管理执法监督暂行规定》(国家市场监督管理总局令第22号)的有关规定。对特种设备安全监督管理部门的直接负责的主管人员和其他直接责任人员、负责特种设备安全监督管理的部门的工作人员给予行政处分,应当严格按照《中华人民共和国公务员法》《中华人民共和国行政监察法》《行政机关公务员处分条例》等有关规定实施。

四、关于事故调查处理的原则和主要任务的规定

《特种设备安全法》第七十二条规定,事故调查组应当依法、独立、公正地开展调查,提出事故调查报告。这是对事故调查组工作原则或行为准则的法律规定。本规定第五条第二款也规定特种设备事故调查处理的基本原则和主要任务。

(一)事故调查处理工作应当坚持的原则

事故调查处理工作是一项比较复杂的工作,涉及各方面关系,同时又具有很强的科学性和技术性。要搞好事故调查处理工作,必须有正确的原则作指导。

1. 实事求是的原则

实事求是是唯物辩证法的基本要求。这一原则有几个方面的含义:一是必须全面、彻底查清特种设备事故的原因,不得夸大事故事实或缩小事实,不得弄虚作假;二是一定要从实际出发,在查明事故原因的基础上明确事故责任;三是提出处理意见要实事求是,不得从主观出发,不能感情用事,要根据事故责任划分,按照法律、法规和国家有关规定对事故责任人提出处理意见;四是总结事故教训、落实事故整改措施要实事求是,总结教训要准确、全面,落实整改措施要坚决、彻底。

2. 客观公正的原则

一是要严格遵守有关法律、法规的规定,规范事故调查的程序,保证调查程序的公正和调查结果的公正;二是对于事故性质、原因和责任的分析,也要按照有关规定和标准进行,做到于法有据。

3. 尊重科学的原则

尊重科学，是指事故调查要尊重事故发生的客观规律，采取科学的方法，认真、细致、全面地获取、分析事故调查收集的每一份证据、材料。特种设备事故的调查处理具有很强的科学性和技术性，特别是事故原因的调查，往往需要进行很多技术上的分析和研究，充分发挥技术手段的作用。一是要有科学严谨的态度，不主观臆想，不轻易下结论，防止个人意识主导，杜绝心理偏好，努力做到客观、公正；二是要特别注意充分发挥专家和技术人员的作用，把对事故原因的查明，事故责任的分析、认定建立在科学的基础上。

（二）事故调查处理工作的任务

事故调查处理的主要任务和内容包括以下几个方面：

1. 及时、准确地查清事故经过、事故原因和事故损失

查清事故发生的经过和事故原因，是事故调查处理的首要任务和内容，也是进行下一步工作的基础。特种设备事故原因多种多样，大多数情况都是因为违反特种设备安全相关的法律、法规、技术规范、标准和有关技术规程等造成的。例如：特种设备不符合安全技术规范，存在制造缺陷、安全附件不全等事故隐患；未按安全技术规范要求对特种设备实施定期检查；特种设备作业人员未按规定配备劳动防护用品；未对作业人员进行必要的安全教育和技能培训，缺乏特种设备安全知识；管理人员违章指挥；作业人员违章冒险作业；等等。事故损失主要包括事故造成的人身伤亡和直接经济损失。这是确定事故等级的依据。查清事故经过、事故原因和事故损失，重在及时、准确，不能久查不清或者含含糊糊，似是而非。

2. 查明事故性质，认定事故责任

事故性质是指事故是非责任事故还是责任事故。查明事故性质是认定事故责任的基础和前提。如果是非责任事故，则不需要认定事故责任。如果是责任事故，就应当查明哪些人员对事故负有责任，并确定其责任认定程序。本规定第三章第二十六条提出"事故调查组应当在全面审查证据的基础上查明引发事故的原因，认定事故性质"的程序性要求。事故责任包括直接责任、间接责任，也包括主要责任和次要责任。此外，对政府及其有关部门的负责人来说，还有领导责任的问题。

特种设备安全责任主体呈现多元化。特种设备安全与设计、制造、安装、改造、修理、使用、检验检测等环节的责任主体的行为均相关，每个环节的安全质量缺陷都可能形成隐患，酿成事故，而且事故的后果不但会造成人员伤亡和财产损失，还可能造成人员滞留、疏散转移和重大社会影响。因此，需要查明相关责任主体对事故负有的责任，并依法对事

故责任单位和责任人员分别提出不同的处理建议，使有关责任者受到处理。

为依法认定责任，保证事故调查工作质量，本规定第二十七条还对明确事故责任程序进行了规定："根据责任单位和责任人员行为与特种设备事故发生及其后果之间的因果关系，以及在特种设备事故中的影响程度，事故调查组认定责任单位和责任人员所负的责任。责任单位和责任人员所负的责任分为全部责任、主要责任和次要责任。"

3. 总结事故教训，提出整改措施

特种设备安全工作的根本原则是安全第一、预防为主、节能环保、综合治理。通过查明事故经过和事故原因，发现特种设备安全管理工作的漏洞，从事故中总结经验教训，并提出整改措施，防止今后类似事故再次发生，这是事故调查处理的重要任务和内容之一，也是事故调查处理的最根本目的。

事故调查组应当根据事故发生的直接原因和间接原因提出防范和整改措施建议，其内容不但要包括事故发生单位，还要包括其他有关单位的防范和整改措施建议。市场监督管理部门和负有安全生产监督管理职责的有关部门应当对事故发生单位及其相关单位（包括地方政府及其有关部门）落实防范和整改措施建议的情况进行监督检查。

4. 对事故责任者依法追究责任

生产安全事故责任追究制度是我国安全生产领域的一项基本制度。《安全生产法》第十六条规定，国家实行生产安全事故责任追究制度，依照本法和有关法律、法规的规定，追究生产安全事故责任单位和责任人员的法律责任。《特种设备安全法》第七十三条，提出了对事故责任的依法追究、同类事故的预防及事故造成损害的赔偿的原则规定。

依照《安全生产法》《特种设备安全法》《特种设备安全监察条例》和有关法律、法规的规定，事故责任单位和责任人员承担的法律责任主要有刑事责任、行政责任、民事责任，包括给予党纪处分、政纪处分等。这对于增强有关单位和人员的责任心，提高特种设备相关主体责任单位预防事故的水平，提高地方人民政府及其负有安全生产监督管理职责部门的责任意识，预防事故再次发生，具有重要的警示意义。

以上规定较好地体现了事故调查处理的"四不放过"原则，即事故原因不查清不放过，防范措施不落实不放过，职工群众未受到教育不放过，事故责任者未受到处理不放过。

第六条 任何单位和个人不得阻挠和干涉特种设备事故报告、调查和处理工作。

对特种设备事故报告、调查和处理中的违法行为，任何单位和个人有权向市场监督管理部门和其他有关部门举报，接到举报的部门应当依法及时处理。

【释义】

本条分两款：一是关于对事故报告和依法调查处理不受阻挠和干涉的规定；二是关于单位和个人向有关部门举报事故调查和处理中的违法行为的权利及有关部门应当依法及时处理的规定。

一、不得阻挠和干涉对事故的报告

所谓阻挠和干涉对事故的报告，既包括不允许他人报告事故、要求他人不要报告事故或者不如实报告事故，也包括为他人报告事故设置障碍等情形，具体方法和手段可能表现为强制命令、威逼利诱及对事故调查设置障碍等，可以是明示，也可以是暗示或者授意别人进行。实践中，阻挠和干涉事故报告的，一般不是普通职工和群众，而往往是事故发生单位的主要负责人及有关主管人员，或者是地方政府、有关部门及其有关人员等。这些单位和个人阻挠和干涉事故报告，大多是为了隐瞒事故真相，逃避事故责任追究。同时，这些单位和个人由于地位较为特殊，也有能力阻挠和干涉对事故的报告，极有可能对事故报告产生较大的消极影响，甚至导致事故被谎报或者瞒报。因此，为了保证事故报告做到及时、准确、完整，明确规定任何单位和个人不得阻挠和干涉对事故的报告是非常必要的。这是一项严格的禁止性规定，违反该规定的，应当依法承担相应的法律责任。

二、不得阻挠和干涉对事故的依法调查和处理

依法对事故进行调查处理，对于查明事故原因，明确事故责任，落实事故责任追究，总结事故经验教训，完善事故防范措施，防止事故再次发生都具有十分重要的意义，是特种设备安全监察工作一个不可或缺的环节。为了保证事故调查处理的顺利进行，必须从制度上排除一切干扰和阻力。因此，本条明确规定任何单位和个人不得阻挠和干涉对事故的依法调查处理。同时，这一要求也是《安全生产法》《特种设备安全法》所明确规定的。

按照本规定，特种设备相关单位及其有关人员，地方人民政府、政府有关部门及其工作人员以及其他任何单位和个人，都不得阻挠和干涉对事故的依法调查处理。实践中，阻挠、干涉对事故的依法调查处理，可以表现在多个环节。比如：在事故调查组组成过程中阻挠和干涉事故调查组的组成；阻挠和干涉事故调查的过程，包括故意破坏事故现场或者转移、隐匿有关证据，无正当理由拒绝接受事故调查组的询问，或者拒绝提供有关情况和资料，或者作伪证、提供虚假情况，或者为事故调查设置障碍；干涉对事故性质的认定或者事故责任的确定；阻挠和干涉对有关事故责任人员进行处理等。对阻挠、干涉依法调查

处理事故的单位和个人，必须依法严肃处理。构成犯罪的，依法追究刑事责任；不构成犯罪的，依法给予行政处罚或者处分。

需要强调的是，本条规定的是不得阻挠、干涉对事故的依法调查处理，是指依法进行的事故调查处理不受阻挠和干涉。如果事故调查处理不合法，比如事故调查组的组成不合法、事故调查的程序不合法、对事故责任人的处理不符合法律规定等，有关方面可以提出意见，有关人民政府或者有关机关也可以要求纠正。以上都不属于阻挠和干涉对事故的依法调查处理。

三、单位和个人对事故调查和处理中的违法行为的举报权

建立举报制度，赋予单位和个人举报事故报告和调查处理中的违法行为的权利，目的是解决特种设备事故调查处理方面存在的问题，保证事故调查的公正公平。实践中，要特别重视特种设备相关单位内部有关管理人员和从业人员的举报。他们处在生产经营第一线，对本单位存在的违法行为最为了解，其举报具有十分重要的价值。同时，也要鼓励其他单位和个人的举报。他们通常与被举报单位没有直接利益关系，能摆脱生产经营单位内部人员的局限性，从而提供重要的线索。举报的内容应当真实，不得捏造违法行为、诬告、陷害有关单位和人员。对有诬告、陷害行为的，将依法追究法律责任。当然，实践中要注意错误举报和诬告、陷害的区别。

此外，对举报安全生产违法行为包括事故报告和调查处理中的违法行为的有功人员，还应当给予奖励。

四、受理举报的部门

（一）特种设备安全监督管理部门

特种设备安全监督管理部门是特种设备安全工作的综合监督管理部门，根据《特种设备安全法》第十二条的规定，任何单位和个人有权向负责特种设备安全监督管理的部门和其他有关部门举报涉及特种设备安全的违法行为，接到举报的部门应当及时处理。

（二）监察机关

根据《行政监察法》第六条的规定，对属于监察机关监察对象的单位和个人，包括地方人民政府、有关部门及其工作人员在事故报告和调查处理中的违法行为，单位和个人可以向监察机关举报。

(三) 其他有关单位

其他有关单位是指特种设备安全监督管理部门以外的其他负有安全生产监督管理职责的部门，主要有应急管理、住房城乡建设、交通运输、工业和信息部门等。

五、受理举报的内容

受理举报的内容既包括对特种设备生产、经营、使用、检验检测等单位违反有关特种设备法律、法规行为的举报，也包括对负有安全生产监督管理职责部门的工作人员不依法行政的举报等。

六、有关部门对于违法行为举报应当及时依法处理

对于举报的事实线索比较明确，又属于本部门职责范围的，受理举报的部门应当及时进行调查。违法行为经查证属实的，依法给予行政处罚或者处分；构成犯罪的，移送司法机关依法追究刑事责任。对不属于本部门职责范围的举报，应当及时移交有权处理的部门。受理举报的部门还应当为举报人保密。

实践中，需要注意的是，有关特种设备安全的举报涉及行政机关及其工作人员的，市场监督管理部门在办理这类信访事项时，应同时遵照《信访条例》规定的程序和要求。另外，举报人举报的事项应当客观真实，对其提供材料内容的真实性负责，不得捏造、歪曲事实，不得诬告、陷害他人。

第二章 事 故 报 告

本章共 7 条，主要规定了特种设备发生事故后事故现场和事故发生单位相关人员进行事故报告的时限和对象，各级市场监督管理部门接报后向本级人民政府、有关部门、上级部门等不同对象进行事故报告、通报和上报的时限，事故信息上报采用的通信方式、形式和时限，事故报告的内容，需要开展续报的情形和时限，实施应急响应和处置救援的工作方式与原则，以及组织制定应急预案、建立应急值班制度、接收事故报告信息等应急管理工作要求。旨在明确与特种设备事故信息相关的各个主体，主要是各级市场监督管理部门进行事故报告的对象、时限、方式、内容等工作机制与程序，以保证事故信息传输的时效性、准确性、可靠性和全面性，并对与事故信息报告相关的应急管理工作提出原则性指导意见。

第七条 特种设备发生事故后，事故现场有关人员应当立即向事故发生单位负责人报告；事故发生单位的负责人接到报告后，应当于 1 小时内向事故发生地的县级以上市场监督管理部门和有关部门报告。

情况紧急时，事故现场有关人员可以直接向事故发生地的县级以上市场监督管理部门报告。

【释义】

本条是关于特种设备发生事故后相关人员进行事故信息报告的时限和对象的具体规定。

依据本规定第五条，任何单位和个人不得迟报、漏报或者瞒报特种设备事故。当特种设备发生事故后，事故现场有关人员和事故发生单位都应当在尽可能短的时间内向有关主体报告事故信息，这不仅是应急救援处置的需要，更是为了控制事故和事态发展的需要。迅速响应是突发事件应对的基本要求，任何信息的延误都将带来不利的后果，甚至灾难。

一、依法进行特种设备事故信息报告是《特种设备安全法》《特种设备安全监察条例》等法律法规的基本要求

1. 《特种设备安全法》第七十条第一款规定，特种设备发生事故后，事故发生单位应当按照应急预案采取措施，组织抢救，防止事故扩大，减少人员伤亡和财产损失，保护事故现场和有关证据，并及时向事故发生地县级以上人民政府负责特种设备安全监督管理的部门和有关部门报告。

2. 《特种设备安全监察条例》第六十六条第一款规定，特种设备事故发生后，事故发生单位应当立即启动事故应急预案，组织抢救，防止事故扩大，减少人员伤亡和财产损失，并及时向事故发生地县以上特种设备安全监督管理部门和有关部门报告。

3. 《特种设备安全法》《特种设备安全监察条例》关于事故发生单位进行事故报告的时限，仅作出"及时"的原则性要求，对于事故发生单位内部信息报告机制也有待在执行层面进一步具体明确。

4. 特种设备发生事故后，事故发生单位开展事故信息报告与事故现场先期应急救援处置，属于同步并行的两条主线，不应将其进行割裂。事故现场的先期应急处置，应当由事故发生单位按照法律法规有关规定以及本单位的应急预案，迅速开展；同时，在处置中应当注意遵守本规定其他条款中关于事故现场保护的具体要求。

二、特种设备发生事故后，事故现场和事故发生单位相关人员进行事故报告时，应当遵守本规定的报告时限和对象要求

（一）事故现场有关人员的报告时限和对象要求

特种设备发生事故后，事故现场的有关人员应当立即向事故发生单位负责人报告。"有关人员"是指在事故现场直击事故发生的人员，包括作业人员、管理人员、其他相关人员，属于第一现场人员；对其信息报告时限的要求是"立即"。

隶属事故发生单位的现场有关人员，有责任和义务立即向单位负责人报告，以便单位迅速开展信息研判和组织先期应急救援处置。因此，在单位的特种设备突发事件内部信息报告机制建设时，应当根据应急组织架构体系及其职责分工，明确逐级的报告对象，并最终将信息报告归口至单位负责人。

当然，由于事故信息报告的紧迫性和时效性，现场有关人员进行事故报告时不可能完全按照正常情况下企业的层级管理模式来进行，一般只要向事故发生单位应急信息指挥中

心（如调度室、监控室、统一应急电话）报告即可。

(二) 事故发生单位负责人的报告时限和对象要求

"事故发生单位的负责人"是指该单位应急组织架构体系中应对特种设备突发事件的负责人，应当是本单位特种设备安全的主要负责人，特殊情况本条第二款也作出规定。一方面，因为单位的主要负责人对单位的场地、布局、设备、人员通信以及其他生产经营状况比较熟悉，由其在现场参加、组织抢救，便于进行事故抢救、事故原因的调查和对事故的处理；另一方面，单位的主要负责人是单位安全生产方面的第一责任人，应对单位发生的生产安全事故负责。

根据单位的组织形式，主要负责人是公司制企业的董事长、总经理、首席执行官或者其他实际履行经理职责的企业负责人，或者是非公司制企业的厂长、经理、矿长等企业行政"一把手"，也可以是物业、游乐场所的经营者。

对于事故现场有关人员和事故发生单位负责人失去报告能力的特殊情况，事故发生地的政府或者有关部门应当作为事故信息报告的主体，这是特定情况下政府应当履行的职责。

依据本规定，事故发生单位的负责人进行有关特种设备事故信息报告的时限为"1小时内"。该时间限定考虑到现代通信方式和条件，并保持与《生产安全事故报告和调查处理条例》相应时限的一致性，这样既能保证事故发生单位可以采取相关应急措施，又能保证市场监督管理部门和有关部门较快地获取事故相关情况。在实际报告过程中，事故发生单位应当遵循尽早报告的原则，不得迟报。

县级以上市场监督管理部门和有关部门，是接收事故发生单位负责人或事故现场有关人员进行特种设备事故信息报告的主体单位。这里所说的"县级以上"，包括县级本身、设区的市级、省级以及国家级。"有关部门"主要是指该单位的行业主管部门、应急管理部门、公安机关等。

(三) 情况紧急时的事故信息报告对象

依据本规定，情况紧急时，事故现场有关人员可以直接向事故发生地的县级以上市场监督管理部门报告。所谓的"情况紧急时"，主要是指事故现场事态严重，并且无法与事故发生单位相关负责人员取得联系的情形。县级以上市场监督管理部门接到报告后，应当按照本规定的要求进行信息核实、通报和上报。

当第一现场目击者或者事故信息报告人在现场不明确事故发生单位负责人时，如在公共场所或者非本单位发生的特种设备事故等情形，应当立即向"110""119""120"等公共应急救援部门报告。目前我国许多省份已经建立以"110"指挥中心为平台的应急联动中心，该中心将利用其应急救援平台来进行成员调动和应急处置。

第八条 市场监督管理部门接到有关特种设备事故报告后，应当立即组织查证核实。属于特种设备事故的，应当向本级人民政府报告，并逐级报告上级市场监督管理部门直至国家市场监督管理总局。每级上报的时间不得超过2小时。必要时，可以越级上报事故情况。

对于一般事故、较大事故，接到事故报告的市场监督管理部门应当及时通报同级有关部门。对于重大事故、特别重大事故，国家市场监督管理总局应当立即报告国务院并及时通报国务院有关部门。

事故发生地与事故发生单位所在地不在同一行政区域的，事故发生地市场监督管理部门应当及时通知事故发生单位所在地市场监督管理部门。事故发生单位所在地市场监督管理部门应当配合做好事故调查处理相关工作。

【释义】

本条是关于各级市场监督管理部门接到有关特种设备事故报告后，应当进行的信息核实、通报和上报的时限和对象的具体规定。

一、组织查证核实是市场监督管理部门接到有关特种设备事故报告后的首要工作，也是后续事故信息报告和调查处理工作开展的基础，但要遵循"先报送、后认定"原则

（一）落实国家市场监督管理总局相关文函要求，强调特种设备的突发事件信息快报的及时性

特种设备的突发事件信息上报的依据和时限要求，是落实《突发事件应对法》《生产安全事故应急条例》以及本规定第二章内容的基本要求，特种设备的突发事件的后果是否能够明确定性为特种设备事故，不作为是否报送的前提依据，后续随时可以通过续报进行确认或变更。

（二）接到有关特种设备事故报告后，组织查证核实是承担特种设备突发事件应急管理职能的市场监督管理部门的首要责任和义务，应当与其应急响应的行动同步进行

查证核实也是科学有序开展下一步工作的基础和先决条件，只有查证核实清楚相关事故信息，包括发生事故的特种设备、事故经过、伤亡损失以及应急救援处置等情况，作出正确判定，才能支撑下一阶段的决策和工作开展。

（三）市场监督管理部门组织查证核实时，可以调用特种设备应急处置专家和机构的技术力量

遇有难以作出属性判定的事故信息时，应当与有关部门协商，或者请示本级人民政府、上级市场监督管理部门，以便作出明确的判定结论。

二、各级市场监督管理部门应当建立健全特种设备事故信息研判和报告机制

1. 《特种设备安全法》第七十条第二款规定，县级以上人民政府负责特种设备安全监督管理的部门接到事故报告，应当尽快核实情况，立即向本级人民政府报告，并按照规定逐级上报。必要时，负责特种设备安全监督管理的部门可以越级上报事故情况。对特别重大事故、重大事故，国务院负责特种设备安全监督管理的部门应当立即报告国务院并通报国务院安全生产监督管理部门等有关部门。

2. 《特种设备安全监察条例》第六十六条第二款规定，县以上特种设备安全监督管理部门接到事故报告，应当尽快核实有关情况，立即向所在地人民政府报告，并逐级上报事故情况。必要时，特种设备安全监督管理部门可以越级上报事故情况。对特别重大事故、重大事故，国务院特种设备安全监督管理部门应当立即报告国务院并通报国务院安全生产监督管理部门等有关部门。

3. 《特种设备安全法》《特种设备安全监察条例》均对各级负责特种设备安全监督管理的部门接到事故报告后的核实和上报等工作予以明确规定。各级特种设备安全监督管理部门应当在相关法律法规的指导下依法履职，制定和完善部门特种设备应急预案，重点是特种设备突发事件应急响应行动方案，其中事故信息研判和内外部事故信息报告机制应当细化明确，使其具有科学性和可执行性。

4. 确定属于特种设备事故的，各级市场监督管理部门应当依据本条的规定，在限定的时限内向本级人民政府和上级市场监督管理部门报告。其中，向本级人民政府报告的时限

未作规定，应当遵守当地政府突发事件信息报告的要求。最低一级市场监督管理部门上报"不得超过 2 小时"的时限，可从查证核实开始计算，其余各级部门则应当自接到下一级部门特种设备事故报告时起算。

5. 按照事故等级的不同，基于事故调查处理的权限，对于一般事故和较大事故各级市场监督管理部门应当及时通报同级有关部门（同时应报同级人民政府）；对于重大事故、特别重大事故，则是由国家市场监督管理总局立即报告国务院并通报有关部门。

6. 对于事故发生地和事故发生单位所在地不在同一行政区域的情形，例如，流动作业的特种设备在非注册登记地区发生事故，按照事故属地化管辖和调查处理的原则，以事故发生地市场监督管理部门为主体开展相关工作，并通知事故发生单位所在地市场监督管理部门。为了科学准确地开展事故调查处理工作，事故发生单位所在地的市场监督管理部门应当予以配合。

第九条 市场监督管理部门逐级上报事故信息，应当采用快捷便利的通信方式进行上报，同时通过特种设备事故管理系统进行上报。现场无法通过特种设备事故管理系统上报的，应当在接到事故报告后 24 小时内通过系统进行补报。

【释义】

本条是关于各级市场监督管理部门在市场监管系统内部进行特种设备事故信息上报采用的通信方式、报告形式和相关时限的具体规定。

在市场监管系统内部进行特种设备事故信息报告时，应当遵循快捷便利和信息化的双重工作要求。

1. 在保证准确性的基础上，特种设备事故信息传输的效率具有同等重要性，因此，各级市场监督管理部门在市场监管系统内部进行事故信息上报时，应当采用快捷便利的通信方式，具体包括电话、短信、传真、电子邮件、腾讯 RTX、微信等，信息上报后应当对收悉情况予以确认。当前，微信（群）是采用最多的信息上报方式，在使用时应当注意信息保密的工作要求。电话报告方式有别于书面报告形式，后续还应当予以书面报告的补充。使用快捷便利的方式进行事故信息上报时也应当遵循事故报告内容和格式的要求，保证基本信息要素的齐全，便于上级部门进行研判和分析。

2. 根据国家市场监督管理总局信息化建设的要求，为了方便开展全国特种设备事故信息统计和分析工作，还要求各级市场监督管理部门必须通过特种设备事故管理系统进行信息上报。信息化系统规定了事故信息报告的要素，在具体填写时应当尽量做到完整准确。

3. 现场不具备使用特种设备事故管理系统条件的，应当先行采用快捷便利的通信方式进行事故信息上报，并最迟在接到事故报告后 24 小时内，通过系统进行补报。

第十条 事故报告应当包括以下内容：

（一）事故发生的时间、地点、单位概况以及特种设备种类；

（二）事故发生简要经过、现场破坏情况、已经造成或者可能造成的伤亡和涉险人数、初步估计的直接经济损失；

（三）已经采取的措施；

（四）报告人姓名、联系电话；

（五）其他有必要报告的情况。

【释义】

本条是关于特种设备事故报告内容的具体规定。

事故报告在保证快捷便利性的同时，也应当保证其信息要素的全面性，应当坚持客观性与科学性统一的原则。

1. 事故报告的信息要素要尽量全面，包括本条文规定的 5 款具体内容，有助于上级市场监督管理部门、政府及其他部门充分掌握事故情况，了解事发地政府和市场监督管理等部门已经采取的措施，对其开展事态研判和决策提供参考。

2. 在实际执行层面，本次事故报告属于初次报告，一般情况下，事故发生的时间、地点、单位概况以及特种设备种类，事故发生简要经过、现场破坏情况、已经造成的伤亡和涉险人数，已经采取的措施等信息可以较为准确地获取。对于可能造成的伤亡和涉险人数、初步估计的直接经济损失等情况，应当尽力获取相关信息。确实难以确认核实的，应当在初次事故报告时予以说明。

3. 对于事故等级的初步判定，可以在确定的情况下纳入事故报告的要素；在保证"快"的前提下，快报时对事故原因的初步判断，尽可能报送，以方便上级部门决策，如通过上报的事故信息初步判断是否启动应急预案。通过系统快报报送的内容，可以通过续报进行修改。对于事故原因明晰，尤其是具有典型性和代表性的事故原因，应当尽早地向上级市场监督管理部门、地方政府和有关部门报告和通报，以便及时采取信息预警等措施。

第十一条 事故报告后出现新情况的，以及对情况尚未报告清楚的，应当及时逐级续报。

自事故发生之日起 30 日内，事故伤亡人数发生变化的，应当在发生变化的 24 小时内及时续报。

【释义】

本条是关于初次事故报告后，需要开展续报的情形和时限的具体规定。

需要进行事故续报的具体情形和时限要求。

1. 事故发生过程和事态进展历程不一定是一成不变的，在初次事故报告后，如果出现新情况，应当本着客观全面的原则，及时逐级续报，保证信息动态更新。

2. 在事故发生初期，鉴于现场条件秩序、介入深度等原因，部分情况难以全面掌握，而事故报告又有时限要求，一时难以按要求将所有报告内容和信息要素全部上报。因此需要持续跟踪事态进展，并依据进一步掌握的情况及时逐级续报。

3. 原则上，在事故调查处理工作结束前，上述续报没有规定的次数限制，且每次续报可以据实对上一次事故报告进行修正，但应当予以说明。

4. 对于可能影响事故等级判定的主要因素之一"事故伤亡人数"，自事故发生之日起 30 日内发生变化的，应当在发生变化的 24 小时内及时续报。"30 日内"的时限规定与《生产安全事故报告和调查处理条例》相应时限保持一致性，既是考虑到事故应急救援和善后处置等工作安排，也有利于保护受害者及其家属权益。"24 小时内"的时限要求，参照了本规定第九条事故信息补报的时限要求，既体现人性化和可操作性，又保持一致性。

第十二条 事故发生地县级市场监督管理部门接到事故报告后，应当及时派员赶赴事故现场，并按照特种设备应急预案的分工，在当地人民政府的领导下积极组织开展事故应急救援工作。

上级市场监督管理部门认为有必要时，可以派员赶赴事故现场进行指导，事故发生地县级以上市场监督管理部门应当积极配合。

【释义】

本条是关于事故发生地县级市场监督管理部门在接到特种设备事故报告后，实施应急响应行动和处置与救援工作的原则性规定。

一、依法开展特种设备事故应急处置与救援工作，是《突发事件应对法》《特种设备安全法》《生产安全事故应急条例》等法律法规对各级政府和市场监督管理部门的要求

1. 《突发事件应对法》第三条第一款规定，本法所称突发事件，是指突然发生，造成或者可能造成严重社会危害，需要采取应急处置措施予以应对的自然灾害、事故灾难、公共卫生事件和社会安全事件。

特种设备事故属于典型的事故灾难类突发事件，其应急处置与救援工作应当按照相关法律法规的要求和相应的应急预案展开。

2. 《突发事件应对法》第八条第二款规定，县级以上地方各级人民政府，统一领导、协调本级人民政府各有关部门和下级人民政府开展突发事件应对工作。

《突发事件应对法》第八条第三款规定，上级人民政府主管部门应当在各自职责范围内，指导、协助下级人民政府及其相应部门做好有关突发事件的应对工作。

《特种设备安全法》第七十一条规定，事故发生地人民政府接到事故报告，应当依法启动应急预案，采取应急处置措施，组织应急救援。

《生产安全事故应急条例》第三条第一款规定，国务院统一领导全国的生产安全事故应急工作，县级以上地方人民政府统一领导本行政区域内的生产安全事故应急工作。生产安全事故应急工作涉及两个以上行政区域的，由有关行政区域共同的上一级人民政府负责，或者由各有关行政区域的上一级人民政府共同负责。

《生产安全事故应急条例》第三条第二款规定，县级以上人民政府应急管理部门和其他对有关行业、领域的安全生产工作实施监督管理的部门在各自职责范围内，做好有关行业、领域的生产安全事故应急工作。

上述规定明确了特种设备突发事件应急处置工作中"地方人民政府统一领导"的原则和上级人民政府主管部门"指导、协助下级人民政府及其相应部门"以及负有安全生产监督管理职责的部门的应急处置与救援工作要求。

二、从应急管理工作的闭环流程看，应急响应行动和处置与救援工作是事故报告的后续衔接

1. 根据突发事件应急管理工作的"预防准备、监测预警、处置救援、事件中止、恢复重建、评估完善"闭环接续流程，接到特种设备事故报告，属于触发后续"处置救援"环节的条件。广义上，开展事故信息报告工作，已经标志着市场监督管理部门开始其应急响应行动，并与"处置救援"并行推进。

2. 各级市场监督管理部门应对特种设备事故这一突发事件的应急响应行动，本规定提出"应当及时派员赶赴事故现场"的原则性要求。对于到达现场人员的人员数量和具体身份等要求，应当由各级市场监督管理部门在其部门特种设备应急预案中予以明确。

3. 市场监督管理部门派出的人员到达事故现场后，应当按照地方政府处置特种设备事故专项应急预案以及市场监督管理部门预案，遵循地方人民政府"统一领导"的原则，积极组织开展事故应急救援。从实际操作的层面看，市场监督管理部门作为行业主管部门参与地方人民政府设立的突发事件应急指挥机构时，一般以提供专业技术支持、专家队伍支撑等方式为指挥部提供决策参考。

4. 上级市场监督管理部门根据事故信息报告和情况掌握，经过研判认为有必要时，可以依据《突发事件应对法》第八条和本条的规定，派员赶赴现场进行指导。到达地方后，同样应当遵循地方政府统一领导的原则在职责范围内开展相关工作，下一级市场监督管理部门应当积极配合。

第十三条 各级市场监督管理部门应当依法组织制定特种设备事故应急预案，建立应急值班制度，并向社会公布值班电话，接收特种设备事故报告信息。

【释义】

本条是关于市场监督管理部门开展特种设备应急管理相关工作的要求。

一、市场监督管理部门组织制定特种设备事故应急预案是《特种设备安全法》等法律法规的要求

《特种设备安全法》第六十九条第一款规定，国务院负责特种设备安全监督管理的部门应当依法组织制定特种设备重特大事故应急预案，报国务院批准后纳入国家突发事件应急预案体系。

第二款规定，县级以上地方各级人民政府及其负责特种设备安全监督管理的部门应当依法组织制定本行政区域内特种设备事故应急预案，建立或者纳入相应的应急处置与救援体系。

对于各级市场监督管理部门而言，应急预案是应急处置和响应行动的指南性文件，按照本规定的要求和部门应急职能，首先要做好的是制定"部门特种设备事故应急预案"或者"部门特种设备突发事件应急预案"，用以指导本部门内部各处（科）、直属单位等应对

特种设备突发事件。通常情况下市场监督管理部门应急预案除了快速响应外,更加偏重于发挥特种设备技术专家的作用,以及对特种设备事故应急处置工作的技术指导。实际上,部分地方政府应对特种设备事故或者突发事件的专项应急预案,也是由当地市场监督管理部门牵头起草,但是应当注意部门预案与地方政府专项预案在领导机构、成员单位、工作职责等方面的差别,政府层面的应急预案属于综合性预案,规格层级更高,涉及的部门更多,可调动的资源也更多。

二、围绕事故报告主体工作,做好应急预案制定和应急值班制度建设工作

从应急管理全面性角度而言,特种设备应急管理工作包括应急预案体系、应急体制、应急机制、应急保障体系等模块。本条规定围绕事故报告的主体工作,规定与其关联度较为密切的部门应急预案、应急值班制度建设等工作要求。

各级市场监督管理部门均建立了应急值班制度并向社会公布值班电话(包括12315),是更大范围接收、获取特种设备事故报告信息的有效途径,并且为本规定第七条所要求的"情况紧急时,事故现场相关人员可以直接向事发地的县级以上市场监督管理部门报告"提供可行渠道。

第三章　事 故 调 查

本章共 17 条，主要规定事故现场保护、调查主体与组织、调查组职责与工作程序、现场调查取证、事故性质与原因分析、责任认定和整改措施、形成事故调查报告等内容，旨在明确事故调查处理的组织体系、工作程序、时限要求、行为规范等具体要求，特别是明确政府、有关部门及人员的责任定位，以保证事故调查工作规范有序开展，做到客观、公正、高效。

第十四条　发生特种设备事故后，事故发生单位及其人员应当妥善保护事故现场以及相关证据，及时收集、整理有关资料，为事故调查做好准备；必要时，应当对设备、场地、资料进行封存，由专人看管。

【释义】

本条是保护事故现场以及相关证据的规定。

一、事故现场保护主体

本条规定的事故现场保护主体是事故发生单位及其人员，后期包括接到事故报告并赶赴事故现场的当地市场监督管理部门、当地人民政府及其负有安全生产监督管理职责的有关部门和人员。

二、事故现场保护的主要任务

事故现场保护主要任务就是事故发生后，事故发生单位及其人员应当妥善保护事故现场以及相关证据，任何单位和个人不得破坏事故现场、毁灭相关证据。在事故调查组未进入事故现场勘察之前，应维持现场的原始状态，既不使其减少任何痕迹、物品，也不使其增加任何痕迹、物品。有关单位应派专人看护、保护事故现场，必须根据事故现场的具体情况和周围环境，划定保护区的范围，布置警戒。必要时，应将事故现场封锁起来，禁止一切人员进入保护区，即使是保护现场的人员，也不能无故出入，更不能擅自进行勘察，禁止随意触摸或者移动事故现场的任何物品。

三、移动事故现场物品的条件

特殊情况需要移动事故现场物品的，必须同时满足以下条件：因抢救人员、防止事故扩大以及疏通交通等原因需要移动事故现场物件的，应当作出标志，绘制现场简图并作出书面记录，妥善保存现场重要痕迹、物证，并应当尽量使现场少受破坏。同时，移动物品必须经过组织事故调查的市场监督管理部门或负有安全生产监督管理职责的有关部门的同意。

四、相关概念

1. 本条规定中的"事故现场"，是指特种设备事故具体发生地点及事故能够影响和波及的区域，以及该区域内的物品、设备设施以及痕迹所处的状态。

2. 本条规定中的"事故发生单位"，是指对特种设备事故发生负有责任的生产、经营、检验检测、使用等单位。

3. 本条规定中的"人员"，主要是指特种设备事故发生单位在事故现场的有关工作人员，既可以是事故的负伤者，也可以是在事故现场的其他工作人员。

第十五条 特种设备事故调查依据特种设备安全法律、行政法规的相关规定，实行分级负责。

市场监督管理部门接到事故报告后，经过现场初步判断，因客观原因暂时无法确定是否为特种设备事故的，应当及时报告本级人民政府，并按照本级人民政府的意见开展相关工作。

【释义】

本条是关于特种设备事故调查工作依据、事故调查工作的主体以及与政府配合协调的规定。

一、调查依据

本条进一步明确开展特种设备事故调查工作的依据。目前我国安全生产实行综合监管和行业监管相结合、管行业必须管安全的监管体制，特种设备分布使用在众多行业和领域，发生事故的情形比较复杂、影响因素多，特种设备事故责任主体呈现多元化，因此除了应当依据《特种设备安全法》《特种设备安全监察条例》的相关规定开展特种设备事故调查工作外，还应当依据现行有关安全生产和公共安全等其他法律、法规、规章及其相应标准的规定，如《安全生产法》《消防法》《劳动法》《生产安全事故报告和调查处理条例》《危险化学品安全管理条例》《关于特大安全事故行政责任追究的规定》等法律法规开展特种设备事故调查工作，对相关责任主体的行为和责任进行分析和认定。

二、调查分级

《特种设备安全法》《特种设备安全监察条例》规定，特别重大事故由国务院或者国务院授权有关部门组织事故调查组进行调查。重大事故由国务院特种设备安全监督管理部门会同有关部门组织事故调查组进行调查。较大事故由省、自治区、直辖市特种设备安全监督管理部门会同有关部门组织事故调查组进行调查。一般事故由设区的市级特种设备安全监督管理部门会同有关部门组织事故调查组进行调查。

本规定设立的程序要求适用于市场监督管理部门牵头组织事故调查组开展的重大事故、较大事故和一般事故的调查处理工作。

三、分级负责

1. 特别重大事故由国务院或者国务院授权有关部门组织事故调查组进行调查。主要考虑发生特别重大事故影响大、涉及面广，调查事故、人员处理等有可能涉及跨地区、超越地方职权等问题，由国务院或者国务院授权部门组织调查，充分体现调查的权威性和公正性，同时也兼顾与《生产安全事故报告和调查处理条例》的协调。

经国务院授权市场监督管理部门组织开展特别重大事故调查处理参照本规定执行。

2. 特别重大事故以下等级的特种设备事故调查由设区的市级以上特种设备安全监督管理部门牵头，组织特种设备事故调查的主体，与消防、道路、铁路、供电系统等特殊行业和领域一样，体现特种设备事故调查的特殊性和专业性，有利于发挥其掌握生产企业或使用单位以及相关设备情况的专业优势和技术特长，科学、公正地开展事故调查工作，准确分析事故原因，吸取事故教训，完善相关法规标准，制定并落实防范措施，落实属地监督管理责任，提高特种设备安全监察工作的有效性。也有利于各部门明确职责分工和部门之间的协调配合，提高事故调查工作的效率。

四、工作衔接

（一）目的

为了做好与地方人民政府等部门互相配合，严格履行职责，及时、准确地完成事故调查处理工作，本条第二款规定在对某些涉及特种设备的事故现场难以确定事故性质，或者与相关部门对事故性质有不同意见时，应当及时报告本级人民政府，并按照本级人民政府的意见开展相关工作的衔接方式。该规定是落实《安全生产法》第九条"国务院和县级以上地方各级人民政府应当加强对安全生产工作的领导，建立健全安全生产工作协调机制，支持、督促各有关部门依法履行安全生产监督管理职责，及时协调、解决安全生产监督管理中存在的重大问题"和《生产安全事故报告和调查处理条例》第五条的相关规定，进一步明确事故调查工作实行"政府领导，分级负责"的原则，有利于落实各级政府安全生产行政首长负责制；有利于加强特种设备安全监督管理工作；有利于事故调查的公正，减少或者避免地方或者部门保护；有利于准确认定事故原因，吸取事故教训；有利于追究事故责任，避免事故再次发生。

（二）事故调查定位

每一级生产安全事故，其事故调查工作都是由政府负责的；不管是政府直接组织事故调查还是授权或者委托有关部门组织事故调查，都是在政府的领导下、都是以政府的名义进行的、都是政府的调查行为，不能理解为部门的调查行为。

（三）工作程序

《安全生产法》第十条规定，县级以上地方各级人民政府有关部门依照本法和其他有关法律、法规的规定，在各自的职责范围内对有关行业、领域的安全生产工作实施监督管理；安全生产监督管理职责的部门应当相互配合、齐抓共管、信息共享、资源共用，依法加强安全生产监督管理工作。

各地特种设备安全监督管理部门应当与本级人民政府安全生产委员会建立事故调查工作机制，明确开展事故调查工作的程序和职责。当本级人民政府授权或委托特种设备安全监督管理部门开展事故调查工作时，特种设备安全监督管理部门应该立即组织事故调查工作。

第十六条　对于跨区域发生、事故调查处理情形复杂、舆论关注和群众反响强烈的特种设备事故等情况，上级市场监督管理部门可以对事故调查进行督办，必要时可以直接进行调查。

自事故发生之日起 30 日内事故等级发生变化，依法应当由上级市场监督管理部门组织事故调查的，上级市场监督管理部门可以会同本级有关部门进行事故调查，也可以经本级人民政府批准，委托下级市场监督管理部门继续组织进行事故调查。

自事故发生之日起超过 30 日，事故造成的伤亡人数或者直接经济损失发生变化的，按照原事故等级组织事故调查。

【释义】

本条是关于提级调查和变更事故调查权的规定。

一、对本条第一款规定的理解

1. 特种设备事故调查工作应当按照本规定第十五条分级负责的原则开展。一般情况下，不应当变更事故调查权限进行提级调查。但对于事故情况复杂、影响较大等情形，可以按照本规定第四条的要求，由上级市场监督管理部门进行督办，必要时直接组织调查。这是一种必要的工作机制。

2. 本条规定中的"上级市场监督管理部门"即设区的市级以上特种设备安全监督管理部门，可以是省级市场监督管理部门，也可以是国家市场监督管理总局。

3. 本条规定中的"必要时"，一般是指以下情形：跨区域发生特种设备事故，调查处理情形复杂、调查需要协调的；事故性质恶劣，社会影响较大的；同一地区连续频繁发生同类事故的；上级市场监督管理部门发现下级市场监督管理部门负责调查的事故存在重大疏漏，社会和群众对下级市场监督管理部门调查的事故反响十分强烈的；事故发生地不重视特种设备安全工作，不能真正吸取事故教训的。

二、对本条第二款规定的理解

实践中，部分特种设备事故已经由有关市场监督管理部门组成了事故调查组开始调查。但在事故调查工作过程中，由于事故分级条件因素发生变化，导致事故等级提高，依法应当由上级市场监督管理部门组织调查。因此，应当建立事故调查工作机制，以保证事故调查工作的严肃性和客观、公正。理解本款应注意 3 个方面。

1. 特种设备事故等级应当按照《特种设备安全监察条例》第六十一条至第六十四条规

定，因伤亡人数、直接经济损失以及相关情形的变化而变化。

2. 特种设备事故等级变更等级的期限是自事故发生之日起 30 日内发生的变化。

3. 有关市场监督管理部门已经组成特种设备事故调查组的，上级市场监督管理部门可以根据实际情况，一方面可以终止原特种设备事故调查组已开展的事故调查工作，按照本规定第十五条规定，另行组织特种设备事故调查组进行调查；另一方面可以由上级市场监督管理部门将此情况报请本级人民政府批准后，按政府批复意见，委托原特种设备事故调查组继续组织事故调查。

三、对本条第三款规定的理解

本条第三款主要规定的是特种设备事故变更等级的期限，自事故发生之日起超过 30 日，因伤亡人数、直接经济损失的变化而变化事故等级的情形。事故调查工作中，出现此类情况，负责组织事故调查的市场监督管理部门不再按照本规定第十五条事故分级调查的原则，对特种设备事故调查工作进行调整，而按照原事故等级继续组织调查工作。

第十七条 对无重大社会影响、无人员死亡且事故原因明晰的特种设备一般事故和较大事故，负责组织事故调查的市场监督管理部门，报本级人民政府批准后，可以由市场监督管理部门独立开展事故调查工作。必要时，经本级人民政府批准，可以委托下级市场监督管理部门组织事故调查。

【释义】

本条是关于特种设备事故调查工作实行简易程序的规定。

一、实施目的

本条的目的是通过简化程序模式，规范调查程序和内容，充分利用行政机关现有的资源，提高事故调查工作效率，保障特种设备事故调查工作的时限和工作质量。

二、实施条件

事故后果无重大社会影响、无人员死亡；事故情节简单、因果关系明确；负责组织或者受委托进行事故调查的有关市场监督管理部门行政资源和技术能力能够保证调查工作需要。

三、程序要求

所谓简易程序是对普通程序的简化，并不要求减少相关环节，它仍是一套完整的事故调查处理程序。本条规定负责组织事故调查的有关市场监督管理部门在实施简易程序前，应当将组织此次事故调查的相关情况报请本级人民政府批准后，方可以依法独立开展调查工作，或者委托下级市场监督管理部门组织事故调查工作。

实施过程中，报送本级人民政府实施简易程序调查工作办理申请手续时，应该以请示报告的形式提出，批复意见应当归档。事故调查过程还是按照本规定执行，形成事故调查报告，报送本级人民政府批复。

四、关于对"经本级人民政府批准"规定的理解

事故调查工作是在政府领导下的行政执法行为。根据《行政处罚法》第十七条"行政处罚由具有行政处罚权的行政机关在法定职权范围内实施。"和第二十条"行政机关依照法律、法规、规章的规定，可以在其法定权限内书面委托符合法定条件的组织实施行政处罚。""委托行政机关对受委托组织实施行政处罚的行为应当负责监督，并对该行为的后果承担法律责任"的规定，相关市场监督管理部门经本级人民政府批准后，实施简易程序进行事故调查工作，是指取得本级人民政府委托权限并接受其监督的情况下，在委托范围内实施的具体行政行为。

第十八条 负责组织事故调查的市场监督管理部门应当报请本级人民政府批准成立事故调查组。

根据事故的具体情况，事故调查组一般应当由市场监督管理部门会同有关部门组成。事故调查组组长由负责事故调查的市场监督管理部门负责人或者指定的人员担任。

【释义】

本条是关于事故调查组成立程序、组成部门和调查组组长的规定。

一、事故调查组成立程序

特种设备事故调查具体工作由事故调查组负责，成立事故调查组是调查工作程序合法的要件。

（一）成立时机

首先是事故现场状态得到控制、安全秩序得到保障；其次是初步明确特种设备事故性质和事故等级。

（二）依法成立

根据具体的事故等级，由有关市场监督管理部门组织事故调查，并会同有关部门组成事故调查组。调查组成立文件应当首先报请本级人民政府批准后，再会同或函告各成员单位派员组成调查组。这是落实本规定第四条第二款"在本级人民政府的领导和上级市场监督管理部门指导下，依法开展特种设备事故报告、调查和处理工作"的具体要求，有利于建立事故调查处理工作机制，完善事故调查处理工作中的管理职能。

二、事故调查组的组成部门与分工

（一）组成原则

事故调查组的组成要精简、高效。事故调查工作涉及公正、公开、职工权益保护和责任认定等诸多事项，由相关部门参与事故调查工作，体现科学、客观、公正的原则。

（二）有关部门

有关部门一般包括有关人民政府以及应急管理、公安、工会、行业主管等部门组成，必要时可以邀请监察机关参加。

（三）事故调查组分工

对事故调查组进行分工，目的在于落实调查工作计划、明确调查任务、理顺工作程序、厘清职责定位、便于调查组织管理、减少组内成员意见分歧。

调查组根据需要，一般可设管理、技术、综合等工作小组。管理工作小组侧重于调查事故管理方面原因调查取证，对事故管理方面的间接原因和责任进行分析，提出管理方面的预防措施和整改建议；技术工作小组侧重于调查事故技术原因调查取证，对事故发生的直接原因进行分析，提出技术方面的预防措施和整改建议；综合工作小组主要承担事故调查工作的会议组织、联络通信、沟通协调、信息发布、后勤保障等工作。

各工作小组组长由事故调查组组长指定。各工作小组在工作中应当服从事故调查组组

三、事故调查组组长的产生与职责

（一）事故调查组组长的产生

事故调查组组长由负责事故调查的市场监督管理部门负责人或指定人员承担，目的在于确立调查组长领导、协调、决策的权威性。这也是与《生产安全事故报告和调查处理条例》第二十四条关于"事故调查组组长主持事故调查组的工作"规定的协调，有利于发挥特种设备安全管理的技术优势，掌握特种设备事故调查工作的方向和重点，提高事故调查工作的效率。一般情况下，设事故调查组组长1名；根据事故具体情况和事故等级，设副组长1~3名；一般等级事故可只设组长1名。

（二）事故调查组组长的职责

事故调查组组长主持事故调查组工作，具体职责是：全过程领导事故调查工作；主持事故调查会议，确定事故调查组各组职责和成员的分工；协调事故调查工作中的重大问题，对事故调查工作中出现的分歧意见作出决策，代表事故调查组向本级政府汇报调查进展情况等。

第十九条　事故调查组应当履行下列职责：
（一）查清事故发生前的特种设备状况；
（二）查明事故经过、人员伤亡、特种设备损坏、直接经济损失情况及其他后果；
（三）分析事故原因；
（四）认定事故性质和事故责任；
（五）提出对事故责任单位和责任人员的处理建议；
（六）总结事故教训，提出防范类似事故发生和整改措施的建议；
（七）提交事故调查报告；
（八）整理并移交有关事故调查资料。

【释义】

本条是关于事故调查组职责的规定。

一、规定的目的

事故调查组履行本条规定的各项职责是事故调查工作的核心。制定本条的目的在于明确事故调查工作方向,理顺事故调查工作程序,规范事故调查工作内容,保证事故调查工作质量。

二、查清事故发生前的特种设备状况

(一)事故发生单位概况

应当包括单位的全称、所处地理位置、所有制形式和隶属关系、生产经营范围和规模、持有各类证照的情况、单位负责人及安全管理人员的基本情况以及近期的生产经营状况等。

(二)事故发生单位生产作业状况

应当包括事故发生前,事故发生单位房屋建筑、生产车间、工艺流程和设备布置情况;生产作业状况;生产作业人员分布情况等。

(三)事故发生前特种设备状况

事故发生单位在事故中涉及的特种设备的生产、经营、检测、使用、改造和监督检查情况。应当包括特种设备的种类、规格、材料、结构特点和功能状况等。

三、查明事故经过、人员伤亡、特种设备损坏、直接经济损失情况及其他后果

(一)查明事故发生的经过

应当包括但不限于:
1. 事故发生的具体时间、地点。
2. 事故现场状况及事故现场保护情况。
3. 事故发生后采取的应急处置措施情况。
4. 事故报告经过。
5. 事故抢救及事故救援情况。
6. 事故的善后处理情况。

7. 其他与事故发生经过有关的情况。

（二）查明人员伤亡情况

应当包括但不限于：

1. 事故发生时生产作业状况。
2. 事故发生时人员涉险情况。
3. 事故当场人员伤亡情况及人员失踪情况。
4. 事故抢救过程中人员伤亡情况。
5. 最终伤亡情况。
6. 其他与事故发生有关的人员伤亡情况。

（三）查明特种设备损坏情况

应当包括但不限于：

1. 事故涉及特种设备本体、主要部（构）件及安全装置（附件）等损坏情况；
2. 相关生产工艺系统、设备设施损坏变化情况，包括工艺装置、电气仪表、自动控制、安全防护、监测预警、固定支撑、消防等设备设施；
3. 相关环境损坏变化情况，包括生产车间、生活设施和周围自然环境情况。

四、分析事故原因

分析事故原因应当包括：

1. 事故发生的直接原因。
2. 事故发生的间接原因。
3. 事故发生的主要原因。
4. 事故发生的次要原因。

五、认定事故性质和事故责任

（一）认定事故性质

认定事故性质的类型，包括责任事故和非责任事故（自然事故、技术事故）。

（二）认定事故责任

对认定为责任事故的，要按照责任大小和承担责任程度的不同，分别认定直接责任、间接责任、主要责任、次要责任、领导责任。对认定为非责任事故的,可不再认定或者追究事故责任人。

六、提出对事故责任单位和责任人员的处理建议

根据事故调查所确认的事实,在认定事故的性质和事故责任的基础上,对事故责任单位和责任人员提出处理建议。处理建议主要包括但不限于下列内容:

1. 对责任者追究刑事责任的建议。
2. 对责任者的行政处分、纪律处分建议,对责任者的行政处罚建议。
3. 对责任者追究民事责任的建议。
4. 对责任者追究党纪政纪处分的建议。

七、总结经验教训,提出防范类似事故发生和整改措施的建议

(一) 总结经验教训

通过事故调查分析,在认定事故的性质和事故责任单位和人员的基础上,要认真总结的事故教训,主要是在特种设备安全管理、安全投入、安全生产条件等方面存在的薄弱环节、漏洞和隐患,要认真对照问题查找根源。要总结的经验教训主要包括但不限于下列内容:

1. 事故发生单位应该吸取的教训。
2. 事故发生单位主要负责人应该吸取的教训。
3. 事故发生单位有关主管人员和有关职能部门应该吸取的教训。
4. 事故发生单位从业人员应该吸取的教训。
5. 政府及其有关部门应该吸取的教训。
6. 相关生产经营单位应该吸取的教训。
7. 社会公众应该吸取的教训等。

(二) 提出防范和整改措施

防范和整改措施是在事故调查分析的基础上,针对事故发生单位以及相关监督管理部门在特种设备安全管理方面的薄弱环节、漏洞、隐患等提出的,要具备针对性、可操作性、普遍适用性、时效性,具体包括以下内容:

1. 技术方面,针对特种设备的不安全因素,改善生产条件、生产工艺和技术措施等。

2. 教育方面，针对人的不安全行为，强化日常宣传教育、培训演练，采取必要的方法和措施，增强安全意识和技能等。

3. 管理方面，针对特种设备管理特点，完善特种设备安全管理制度、岗位责任制和操作规程，加强监管措施等。

八、提交事故调查报告

事故调查组依法履职，在规定的时限内提交事故调查报告是事故调查组工作成果的集中体现，是政府及其有关部门对事故进行处理的根本依据。本规定第二十八条规定了事故调查报告应包括的内容：事故发生单位情况和发生事故设备情况；事故发生经过和事故救援情况；事故造成的人员伤亡、设备损坏程度和直接经济损失；事故发生的原因和事故性质；事故责任的认定以及对事故责任人员的处理建议；事故防范和整改措施；技术鉴定报告等有关证据材料。

九、整理并移交有关事故调查资料

事故调查组在事故结束后，向事故发生单位移交在调查过程中从设计、制造、安装、维修、改造、检验以及管理等单位调用查询的文件资料；整理并向组织事故调查的市场监督管理部门移交有关事故调查的资料，一般包括事故调查报告、确认的物证、书证、询问记录、现场勘察记录（现场勘察笔录、现场绘图、现场照相和现场录像等）、会议纪要、拟移送司法机关处理的证据材料等。

第二十条　事故调查组成员应当具有特种设备事故调查工作所需要的知识和专长，与事故发生单位及相关人员不存在直接利害关系。

事故调查组成员应当服从调查组组长领导，在事故调查工作中正确履行职责，诚信公正，遵守事故调查组的纪律，不得泄露有关事故调查信息。

【释义】

本条是关于事故调查组成员条件和纪律的规定。

一、职责定位

事故调查组成员履行事故调查的行为是职务行为，代表其所属部门、单位进行事故调查工作；事故调查组成员都要接受事故调查组组长的领导；事故调查组可以聘请的有关专家参与事故调查，参与专家也是事故调查组的成员。

二、条件要求

（一）需要专业知识和技能

由于特种设备广泛分布在生产安全领域和公共安全领域，其事故具有安全生产事故或公共安全事故属性，因而依据国家现行特种设备有关法律法规、标准规范，综合运用安全科学、工程技术、管理科学、行政管理、劳动保护、法律、医学等方面的专业技能，通过勘察现场、提取证据、逻辑推理、分析判断、模拟试验等手段来调查和分析事故发生的经过、原因和责任认定的过程，具有很强的专业性、技术性特点，需要调查人员掌握必要的专业知识，具备一定的专业技能。

（二）公正性要求

事故调查组成员与事故发生单位及相关人员不能有直接利害关系，这主要是为了保证事故调查的公正性。事故调查组组成时，有关部门、单位中与所调查的事故有直接利害关系的人员应当主动回避，不应参加事故调查工作。调查过程中，发现被推荐为事故调查组成员的人选与所调查的事故有直接利害关系的，组织事故调查的人民政府或者有关部门应当将该成员予以调整，事故调查组应当将该成员予以更换或者停止其事故调查工作。

三、纪律规定

为保证事故调查的客观、公正、高效，事故调查组成员必须遵循一定的行为规范。事故调查组成员要有职业操守，做到公正诚信、认真履职，发挥专业特长和技术特长，按期完成事故调查组交办工作。事故调查组成员要有遵守纪律的自觉性，听从指挥、服从领导、协调行动、廉洁自律。同时，要严格保守事故调查中的秘密，在事故调查期间，不泄露事故调查的信息，不主动发表事故调查的观点。在事故调查结束后，未经负责事故调查部门的许可，不能公开事故调查中需要的保密资料。

第二十一条 根据事故调查工作需要，事故调查组可以聘请有关专家参与事故调查；所聘请的专家应当具备特种设备安全监督管理、生产、检验检测或者科研教学等相关工作经验。设区的市级以上市场监督管理部门可以根据事故调查工作需要，组建特种设备事故调查专家库。

【释义】

本条是关于聘请事故调查专家的管理规定。

一、聘请时机

根据事故调查工作需要，是指特种设备事故调查涉及面广、专业性和技术性强，组成调查组的行政部门技术资源不足以支撑事故调查工作开展时，应当考虑聘请有关专家参加调查。

二、专业条件要求

所聘请的有关专家应当覆盖特种设备安全监督管理、生产、检验检测或者科研教学等行业或单位，并具有一定的资质条件和工作经验的能力条件限定，是落实实事求是、尊重科学事故调查处理原则的体现，是保障特种设备事故调查工作质量的必然要求。因为只有具备这样的专家人员参与事故调查，才能弥补相关行政部门技术资源支撑不足，事故调查组才能较快地全面掌握事故涉及行业整体情况和局部细节，增加事故专业技术调查的深度，找准事故调查工作的重点方向和问题，提高事故调查工作效率，保障规定时限内调查工作的质量。

三、专家管理

（一）专家库建设

设区的市级以上市场监督管理部门可以根据本地区特种设备种类、数量分布，日常风险管控、隐患排查和相关事故的特点，结合本地区特种设备行政资源支撑能力状况，考虑面向社会或行业人力资源，组建特种设备事故调查专家库。这样有利于掌握相关专家专业能力，便于沟通协调、动态储备与管理，形成事故调查工作专业技术支撑。

（二）纪律规定

所有参加事故调查的专家应该遵守事故调查的工作纪律，在事故调查过程中不得擅自对外泄露事故调查工作情况和有关信息资料。

第二十二条 事故调查组有权向有关单位和个人了解与事故有关的情况，并要求其提供相关文件、资料。有关单位和个人不得拒绝，并对所提供情况和文件、资料的真实性负责。

事故发生单位的负责人和有关人员在事故调查期间不得擅离职守，并应当随时接受事故调查组的询问。

【释义】

本条是关于事故调查组职权和事故发生单位有关人员配合事故调查义务的规定。

一、事故调查组的职权

事故调查组要完成各项职责，就必须赋予其相应的权力。

（一）事故调查权

事故调查权即事故调查组有权向有关单位和个人了解与事故有关的情况。这里的"有关单位和个人"不仅包括事故发生的单位和个人，而且包括与事故发生有关联的单位和个人，如设备制造单位、设计单位、施工单位等，还包括与事故发生有关的政府及其有关部门和人员等。

（二）文件资料获得权

文件资料获得权即事故调查组有权要求有关单位和个人提供相关文件、资料，有关单位和个人不得拒绝。

（三）相关文件资料

相关文件资料是指有关单位和个人应当在事故调查组规定时限内，提供但不限于下列材料：

1. 营业执照、行政许可及资质证明复印件。
2. 组织架构及相关人员资格证明。
3. 安全生产责任制度和相关管理制度。
4. 与事故相关的合同、伤亡人员身份证明及劳动关系证明。
5. 与事故相关的设备、工艺资料和安全操作规程。
6. 有关人员安全教育培训情况和特种作业人员资格证明。
7. 事故造成人员伤亡和直接经济损失等基本情况的说明。

8. 事故现场示意图。
9. 与事故有关的其他材料。

二、事故发生单位有关人员的配合义务

事故发生单位的负责人和有关人员在事故调查期间不得擅离职守，并应当随时接受事故调查组的询问，如实提供有关情况，这是事故发生单位有关人员的法定义务，必须遵守，对于保障事故调查组顺利开展事故调查工作具有重要意义。否则，如果事故发生单位的负责人和有关人员发生"在事故调查处理期间擅离职守或者逃匿的"，就要承担《特种设备安全法》第八十九条第一款规定的法律责任，即"对单位处五万元以上二十万元以下罚款；对主要负责人处一万元以上五万元以下罚款；主要负责人属于国家工作人员的，并依法给予处分"。

第二十三条 事故调查组应当依法严格开展事故现场保护、勘察、询问及调查取证等相关工作。

事故调查期间未经事故调查组同意，任何单位和个人不得擅自移动事故相关设备，不得隐匿、毁灭有关资料、物品，不得伪造或者故意破坏事故现场。

【释义】

本条是关于规范现场调查取证工作以及保护事故现场证据的规定。

一、开展现场调查取证工作

事故现场是事故发生过程中设备的不安全状态与人的不安全行为相互演变发展的客观反映。通过事故现场调查，确定事故现场某些客体的变化的证据，是查明事故发生的经过，进而分析确定事故发生的直接原因和间接原因的重要调查过程。其工作步骤主要包括查封现场、初步情况了解、现场询问、现场勘察和查阅资料等环节，必要时进行相关项目的技术鉴定。

（一）查封事故现场，封控证人证据

事故调查组成立后，首先应当开展的工作就是要求当地政府的公安机关等相关部门依法履职，核实前期现场保护状况，查封与事故相关的房屋建筑、设备设施、场地、生产作业文件、财务管理等相关资料，并提出监控事故责任人员、保护重要证人的建议。其中采

取行政强制措施时，如查封设备、查封资料、提取样品等，其程序应当符合《中华人民共和国行政强制法》的有关要求。只有现场证据的保全，才会为后续事故调查工作提供保障条件，从而做到事故调查结果事实清楚、客观公正。

（二）初步了解情况

初步了解事故现场情况是事故调查工作的第一步，其目的在于指导调查人员掌握事故现场状况，为下一步现场人员询问和现场勘察提供线索。一般应当了解以下五个方面信息：

1. 事故发生前生产作业状态和现场人员分布情况。
2. 事故发生经过和事故抢险救援情况。
3. 事故信息报告情况。
4. 事故现场人员涉险、伤亡及失踪情况。
5. 事故现场状态及事故现场保护情况。

（三）询问和笔录

事故调查人员为了进一步查明事故相关情况和问题，厘清事故调查方向和范围，需要及时对了解事故情况的有关当事人开展询问工作，这也是事故调查收集证人证言的主要方法和有效措施。在询问前应当首先做好准备，明确被询问的主体和对象，拟定针对性的询问提纲，明确询问人员和记录人员，落实询问地点和时间。

1. 询问时机

事故调查期间的询问主要分为现场勘察前的询问和调查取证过程中的询问。

2. 询问主体和对象

事故调查期间的询问的主体应是事故调查组成员，询问的对象应是与事故有关的人员，包括但不限于：事故单位最初事故信息报告人员、现场作业人员、安全管理人员、熟悉生产工艺设施人员，事故应急救援人员，事故信息举报人员，相关设备设施的制造、安装、改造、维修、检验等单位的人员以及负有安全监督管理职能部门的相关人员等。

3. 询问主要内容

包括但不限于相关人员任职、岗位职责分工等基本情况，事故发生前及发生时，工艺设备的运行状态、设备有关部件的运行位置、事故发生前后出现异常现象及其发生、发展过程等情况；结合工艺流程进行询问，事故发生前后操作人员的操作动作状态；事故抢险救援情况，设备设施建设项目规划、建设、验收、投运情况；设备设施日常使用管理情况；事故发生单位人员教育培训情况，相关负有安全监督管理职能部门监管情况等。

4. 询问方法

询问人员应当安排事故调查组内懂专业技术、熟悉工艺流程和法规政策的事故调查人员参加，询问人员不得少于2人。

（1）询问之前，询问人员应熟悉询问提纲，了解被询问对象基本情况，确定询问的关键问题和方向，选择合适的问询策略，采用影音等有效的记录手段，询问应当个别进行，无关人员不得在场，询问场所应当进行保密控制。

（2）询问过程中，首先应当先告知被询问对象其依法享有的权利和承担对所陈述情况保密，不得串供的义务，承诺对所述事实承担法律责任。询问人员应与被询问对象建立心理上的联系，消除其紧张不安情绪，提升信任感；围绕事故发生发展过程的主要环节和构成要件，运用适当的问话方式，逐步展开询问提纲的内容，应尽量以发掘事实真相而不是发现错误为出发点，有利于被询问对象描述事实。尊重被调查人的陈述，认真倾听被调查人的说明和解释，细致观察分析，掌握询问过程的主动权。询问人员不得泄露事故调查进度，表明个人评判观点。

（3）询问结束时，询问笔录应当交被询问人核对，笔录如有差错、遗漏，应当允许其更正或者补充。涂改部分应当由被询问人签名、盖章或者以其他方式确认。经核对无误后，其笔录应当经事故调查人员询问人、记录人和被询问人签名或者捺指印。被询问人拒绝签名和捺指印的，应当在笔录中注明。

（4）询问结束后，其笔录还应当由事故调查组熟悉情况的调查人员对证据内容的关联性、合法性进行核查，确认记录的有效性。

（四）现场勘察

事故现场勘察是指事故调查人员深入事故现场，运用科学技术方法，对与事故有关的场所、物品痕迹、人员伤害情况等进行勘察、检验、记录，收集调查线索和证据的一系列活动。

1. 勘察目的

现场勘察所获取物证资料作为证明事故的性质、原因、损失结果、事故责任人等的证据，具有证据的客观性和真实性。通过勘察事故现场特种设备本体、主要部（构）件及安全装置（附件）、相关生产车间、生产工艺系统、设备设施以及周围环境损坏变化情况，提取物品痕迹、残留物质、破坏物件等物证，记录和再现事故现场的演变状态，以及查明事故现场行为人生产作业的具体行为后果，能够为进一步确定调查询问对象和重点内容，提供调查方向；能够为进一步技术检验、化验、试验、模拟等技术鉴定提供必要的条件和依据，能够为分析判断事故发生的原因分析提供证据；能够为最终的判定事故性质以及责任追究提供有效的证据。

2. 勘察原则

事故现场勘察必须坚持实事求是、尊重科学的态度，切忌主观臆断，做到及时、全面、细致、客观。事故现场的痕迹物证，具有变动性、易逝性，这些证据一旦破坏或消失，将无法再获取。

（1）"及时"就是要求现场勘察工作应当抓住痕迹物证明显、知情人记忆犹新等有利时机尽快开展。

（2）"全面"就是要对事故发生的前后过程涉及的现场所有物证及状态进行全面勘察和收集，坚持反复勘察，不断完善认识，防止遗漏。

（3）"细致"就是要求不仅要注意搜集明显的易接触、易破坏的痕迹物证，而且要适时提醒容易忽视的边角部位和蛛丝马迹；不仅要发现和提取清晰、完整的痕迹物证，还要发现和提取模糊的、不完整的痕迹物证，尤其是微量痕迹物证。

（4）"客观"就是要求不论是发现提取痕迹物证，还是进行现场分析、现场访问、制作勘察记录均要坚持客观的态度，切忌主观臆造，凭空猜想。

3. 勘察程序与步骤

事故现场勘察的程序大体上可分为3个阶段：准备阶段、勘察阶段和综合整理阶段。

（1）准备阶段是指从事故调查组成立到进行实地勘察这一段时间。准备阶段的主要任务是保护事故现场，初访知情人，组成勘察组，邀请勘察见证人和准备各种勘察器材（如量具、记录用品、照相录制器材和防护用品等）。

（2）勘察阶段是指通过观察和询问，弄清事故发生、发展时间，涉及的现场范围、伤亡人员的位置以及事故发生后现场及环境的变动情况。事故现场勘察步骤可分为：环境勘察、初步勘察、细项勘察、专项勘察。环境勘察为观察事故现场，划定勘察范围；初步勘察为确认状态，明确重点；细项勘察或专项勘察，围绕重点和环节，确认关联证据。在勘察过程中，要随时做好勘察记录和录像，提取物证，并要根据情况决定是否将痕迹物证提交有关部门做技术鉴定。

（3）综合整理阶段主要是整理现场勘察记录和反复研究、观看现场录像，依据整理后的资料和痕迹物证的鉴定结果做出勘察结论，写出现场勘察报告。

4. 勘察记录

勘察记录是分析研究事故情况的重要依据，也是发现或排除事故责任人、甄别当事人自述和证人证言以证明有无责任的重要证据。现场勘察过程中，应当采取现场照相或者录像、录音，制作现场勘验笔录和绘制现场图等方法记录现场情况。其内容包括：事故现场的方位、现场内部的客观状态、绘制事故现场有关图样（包括事故现场示意图、剖面图、工序、工艺、流程图、受害者位置图等）。

（五）查阅资料

1. 查阅资料是指事故调查人员对事故发生单位、相关单位和部门的管理和技术方面档案资料进行查阅，以便了解与事故相关单位的管理问题，厘清相关人员职责分工，查明设备安全技术管理过程，是事故现场调查的一种基本工作方法。

2. 查阅内容包括但不限于：

（1）事故发生单位事故发生前生产工艺设施、设备状况、工作环境状况，有关技术文件和规章制度建立及执行情况。

（2）受害人和肇事者的技术状况、健康状况等资料。

（3）特种设备的生产、使用、充装、检验检测、采购、租赁等技术管理方面的档案资料。

（4）证明事故等级、类别和事故发生的相关事实与材料，包括但不限于：事故汇报记录、伤亡人员统计表、赔偿协议、尸检报告、遗体火化记录、死亡证明、医院伤害程度证明等。同时还应当收集事故发生单位、相关单位和部门的文件、规章制度、报表、台账、记录、图件和向调查组提供的书面证明（说明）。

二、保护事故现场证据

事故现场是查找事故发生原因、判定事故性质最主要的信息来源，保护事故现场的真实、完整是事故调查组开展现场调查工作的重要前提。因此，除了按本规定第十四条继续进行事故现场调查前的事故现场保护，落实责任人员和保护范围外，还应当落实保护时间自事故调查组成立至现场调查工作全部结束时间为止。现场调查过程中，现场勘察人员同样应当继续妥善保护事故现场及相关证据。并应当做好以下几方面工作：

（一）做好应急防护

对于被破坏有倒塌危险的建筑物或设备设施等，存在危及调查人员安全状况时，应当采取有效措施将其固定或者排除危险。同时应仔细观察，及时做好现场破坏现状以及相互位置等记录；对于有中毒火灾危险的现场，无关人员应当禁止进入，对相关区域进行隔离。进入现场勘察前，应当做好先期检测，确认安全并做好勘察人员个人应急防护措施后，方可在安全人员引导和监护下，有序进入现场开展勘察工作。一旦发现危及生命安全的事故隐患或危险，应当立即采取措施或快速撤离现场。

（二）勘察中的现场保护

1. 明确纪律

事故调查组应当明确规定现场勘察纪律，任何人不得擅自移动事故相关设备，不得隐匿、毁灭有关资料、物品，不得伪造或者故意破坏事故现场。应尽可能保持事故现场的原始状态，不得随意清理。

2. 有序勘察

现场勘察人员应当明确分工，服从指挥，按步骤进行勘察取证。

3. 固定现场

现场勘察人员进入现场，首先应当厘清现场表面残存物的构成，现场倒塌、倾斜的方向，现场物质的变形、熔化、燃烧、飞溅情况以及设备的异常现象等，记录现场位置及其与周围环境的关系。

4. 保护措施

对事故现场内的痕迹、物品，破损部件、碎片、残留物、致害物的位置等，应当做出醒目标示。需要移动物品或拿取物证时，导致位置和原始状态发生变化的，应当从不同侧面进行拍照记录保存证据。勘察后，被移动物品的残余物应置于原始状态，必要时要修复、重新拍照，并以照片形式予以保存。在现场搜集到的所有物件，在拿取时应选择适当的部位以免破坏原有的痕迹，均应贴上标签，注明地点、时间、管理者。所有物件应保持原样，不准冲洗擦拭。

三、名词注释

证据

1. 定义

证据是指依照诉讼规则认定案件事实的依据。

2. 分类

对于证据的分类，我国的3部诉讼法依据不同情形，分别作出了规定：

（1）《中华人民共和国刑事诉讼法》第五十条规定："可以用于证明案件事实的材料，都是证据。证据包括：（一）物证；（二）书证；（三）证人证言；（四）被害人陈述；（五）犯罪嫌疑人、被告人供述和辩解；（六）鉴定意见；（七）勘验、检查、辨认、侦查实验等笔录；（八）视听资料、电子数据。证据必须经过查证属实，才能作为定案的根据。"

（2）《中华人民共和国行政诉讼法》第三十三条规定："证据包括：（一）书证；（二）物证；（三）视听资料；（四）电子数据；（五）证人证言；（六）当事人的陈述；（七）鉴定意见；（八）勘验笔录、现场笔录。以上证据经法庭审查属实，才能作为认定案件事实的根据。"

（3）《中华人民共和国民事诉讼法》第六十六条规定："证据包括：（一）当事人的陈述；（二）书证；（三）物证；（四）视听资料；（五）电子数据；（六）证人证言；（七）鉴定意见；（八）勘验笔录。证据必须查证属实，才能作为认定事实的根据。"

第二十四条 事故调查中需要进行技术鉴定的，事故调查组应当委托相关单位进行技术鉴定，接受委托的单位应当出具技术鉴定报告，并对其结论负责。

【释义】

本条是关于对事故相关证据开展技术鉴定工作的规定。

一、实施时机

事故调查组通过现场调查还不能确定事故原因，认为需要必须通过对某些事故设备、部位、结构、材料、安全装置（附件）、部件功能等进一步进行技术检验、试验和鉴定，为判定事故发生条件及技术原因提供技术支持时，应当委托有关单位实施该项工作。原则上较大及以上事故应进行技术鉴定，以统一执行尺度，提高调查报告质量。

二、管理要求

（一）实施主体

由事故调查组根据事故调查的实际需要决定进行技术鉴定，提出鉴定依据、项目及范围。由负责组织事故调查的市场监督管理部门进行书面委托，落实委托鉴定的标准、鉴定的内容和时间等事宜。由具备鉴定能力的机构，且与事故发生单位无利害关系的单位承担鉴定工作。

（二）鉴定内容

技术检验、试验和鉴定的主要内容应当围绕事故现场破坏主要形式和关键项目，按照委托的要求进行。必要时可进行比对或者模拟试验，但不应任意扩大范围和项目。

1. 承压类特种设备

主要对被损坏以及对事故发生产生直接影响的承压部件、连接部件、安全附件、安全保护装置等单项或者部分项目进行技术检验、试验和鉴定，重点确定材料性能、结构强度、失效模式，核查安全系数、附件功效以及发生事故时的运行工艺状况等内容，涉及倒塌或者失稳的事故还应当对承重支撑结构进行必要的检验或者鉴定。

2. 机电类特种设备

主要对被破坏以及对事故发生产生直接影响的承载结构、传动机构、制动装置、电气控制、柔索系统、主要连接零件、安全防护装置等进行单项或者部分技术检验、试验和鉴定，重点是确定材料性能、结构强度、失效模式，核查安全系数、部件功效以及事故发生时的运行状况等内容。

（三）现场取样与送达

1. 提取过程

提取鉴定材料过程应符合现行国家有关技术标准规定的操作规范要求并实时记录。不但要记录取样时间、取样地点、取样人，还应记录现场见证人员与见证信息。要对记录提取鉴定材料的名称、种类、数量、性状、位置、封装和唯一性标识等信息拍照存档，现场应当由不少于2名事故调查组工作人员进行，其中至少1名应为技术人员。

2. 送达过程

鉴定材料送达过程必须实时记录，如鉴定材料送达人、送达鉴定机构时间、鉴定材料接收人、接收地点、接收时间等交接过程信息。鉴定材料为电子录音、数码照片、视频或电子数据等电子材料的，原则上通过原始载体或者不可擦写光盘移交，也可以通过事故调查机关或行政机关主管的办案平台移交。

3. 留样保管

提取的鉴定材料应当留样备份、专人保管，保管时间至少要保存至事故调查结束后并移交。

第二十五条　事故调查组认为需要对特种设备事故进行直接经济损失评估的，可以委托依法成立的评估机构进行。接受委托的评估机构应当出具评估报告，并对其结论负责。

【释义】

本条是关于委托事故直接经济损失评估工作的规定。

一、实施时机

事故调查组通过现场调查和文件查阅还不能确定事故单位经济损失，需要进一步进行经济损失评估来判定事故等级时，事故调查组应当提出委托的经济损失评估项目、要求和被委托单位，由负责组织事故调查的特种设备监管部门书面委托具备能力的第三方会计师事务所或者税务机构进行事故经济损失的评估。

二、管理要求

（一）实施主体

由事故调查组根据事故调查的实际需要决定是否进行经济损失评估，提出评估的依据、项目及范围。由负责组织事故调查的市场监督管理部门进行书面委托，落实评估的内容、评估的标准和时间等事宜。由具备能力的机构，且与事故发生单位无利害关系的单位承担经济损失评估工作。

（二）评估依据及范围

1. 评估依据

《企业职工伤亡事故经济损失统计标准》（GB 6721—1986）。

2. 评估项目

直接经济损失指因事故造成人身伤亡及善后处理支出的费用和毁坏财产的价值。

3. 评估范围

直接经济损失的统计范围包括：人身伤亡后支出的费用［含医疗费用（护理费用）、丧葬及抚恤费用、补助及救济费用、歇工工资］、善后处理费用（含处理事故的事务性费用、现场抢救费用、清理现场费用、事故罚款和赔偿费用）、财产损失价值（固定资产损失价值、流动资产损失价值）。

（三）评估要求

直接经济损失核定要收集完整的事故损失或费用数据的证明材料，数据与证明材料要真实可靠且一一对应，缺失证明材料的损失和费用不能计入。直接经济损失评估所依据的事故调查报告、视听资料、当事人陈述、鉴定意见、图件、调查表、调查笔录、研究报告、引用文献等材料应当符合相关法律和技术标准要求。

第二十六条 事故调查组应当在全面审查证据的基础上查明引发事故的原因，认定事故性质。

【释义】

本条是关于查明事故原因和认定事故性质的规定。

一、事故原因的种类

（一）直接原因

物的不安全状态、人的不安全行为或者不安全环境等引发特种设备事故或者事件发生的因素。

（二）间接原因

间接原因是指产生事故直接原因的基础因素，以及促成事故发生的非直接方面的原因。主要指技术、教育、管理、社会环境。

（三）主要原因

主要原因是导致事故发生后果的各种因素中起决定性作用的原因，或者使事故不可逆转地发生的事件为事故的主要原因。

（四）次要原因

次要原因是导致事故的发生后果的各种因素中起次要的、辅助的、推动作用的原因。

二、证据审查

（一）定义与作用

证据审查是事故调查人员运用法规、标准规定的程序、方法以及相关的专业技术规范对已经收集到的各种证据材料，进行分析研究，对证据的客观性、关联性、合法性进行审查，排除矛盾后，方可确定为对查明事故原因和认定事故性质的事实证据。证据审查是查明事故原因和认定事故性质的基础和前提，是落实事故调查处理原则、提高事故调查工作质量的保障。

（二）审查要求

1. 客观性

据以证明事故发生、事故后果的原因和事故性质的每个证据都已查证属实。

2. 关联性

每个证据必须和待查的事故原因以及相关单位和人员的法律责任之间存在客观联系，具有证明力。

3. 合法性

现场事故调查取得的法律规定类型的每个证据，其收集的主体、程序、形式、内容符合法律规定的情形。

4. 全面性

属于导致事故发生、事故后果，构成相关单位和人员的法律责任各要件的事实均有相应的证据加以证明。所有证据在总体上已足以对所要证明的事故原因、性质和相关单位和人员的法律责任得出确定无疑的结论，即排除其他一切可能性而得出的唯一结论。

（三）审查方法

1. 排列验证

按照证据材料所证明的事故发生的时间先后顺序，把相关证据逐一排列，逐一对号，厘清脉络，逐个审查证据材料。可以根据人或事、人或时、人或设备、人与人等相互关系，将证据交叉排列，多种途径查明和验证各环节的证据有无矛盾，有无"脱节"，审查证据的客观性和关联性。

2. 比对验证

比对审查相关证据，找出证据材料之间的相同点和差异点。重点在于分析这些相同点和差异点，看其是否合理，是否符合客观规律，审查证据的客观性。

3. 模拟验证

对某些只有通过实际勘验现场，在相同的时间、空间、条件下进行现场实验（或演示），才能了解事故发生发展过程的，应进行实际勘验模拟试验，现场应当请鉴定专家形成鉴定意见，运用排除法审查证据关联性。

4. 逻辑推理

按照导致事故发生、事故后果的主次顺序进行归纳、推理和演绎，即按照证据材料所证明的事故现场情况的主次关系和证据材料本身的主次关系来逐个审查证据材料。将需要证明的问题按照逻辑学的原理列出该问题成立或不成立的多种假定,然后在现有的证据中找出根据,以证明除了本假设以外的其他可能都不成立,审查证据的客观性和关联性。

三、原因分析

(一) 定义与作用

事故原因分析是事故调查过程中,调查人员对事故发生过程中的各种情况、现场事实以及与此有关的人员、设备、环境、生产作业条件等多重原因客观、科学、全面地进行分析研究和逻辑推理的过程。事故原因分析是事故调查过程中最重要的环节和难点,贯穿事故调查的整个过程,通过系统地找出导致事故发生、演变过程中各种事件或因素之间的因果关系,为后续事故性质和责任认定工作奠定基础。通过分析明确事发单位生产过程中存在的危害因素和风险控制缺陷,为制定事故防范措施提供依据和方向。

(二) 分析思路

采用先进的事故分析技术方法是事故调查客观性的有力保证。事故通常不仅由某单一原因引起,更多是多重、交互、多因素的,多原因事件相继发生的结果,复杂事故的调查可以采用多种调查技术组合的分析方法。

一起事故的发生过程,通常是以事故隐患被某些偶然因素触发,形成突发事件为起点,进而受人、物、环境、管理和应急处置等因素的相互影响,危害事件或危险事件交互展开,不断拓展演变,造成最终的事故状态。因而原因分析应重点关注关键事件、相关事件的次序及其影响因素,在对事故事件序列清晰认识的基础上,按照事故的发展顺序,一步一步地进行分析和厘清。

事故调查人员可以采用排列、比对、模拟、推理、判断等方法,通过对事故的时间、位置、征兆、状态、痕迹、音像资料、询问笔录、生产过程记录等证据资料进行审查,确认引发事故或者与事故演变过程相关的事件、事项的所有事实,分析事故过程及其形成条件,找出与事故有关的各种因素之间的因果关系和逻辑关系,按照对事故发生、发展以及后果作用的程度,查明事故的原因,进而区分直接原因、间接原因、主要原因和次要原因。

(三) 管理程序

一般情况下,调查组应当在技术组完成事故技术分析报告、管理组完成事故管理调查报告后,由调查组组长主持,召开调查组全体成员会议,在充分讨论研究的基础上,分析事故原因、认定事故性质和事故责任。调查组组长认为必要时，可以先行召开各小组组长会议，进行有关事项协商，必要时邀请有关专家参加。

（四）划分方法

1. 事故直接原因是对事故的发生、发展起到最直接推动作用，并直接促成其发生的原因。事故直接原因分析就是通过对事故发生过程的分析，查找导致事故发生的"人的不安全行为"或"物的不安全状态"，直接引起设备失控或者失效的因素。

2. 事故间接原因是导致事故直接原因发生或促进其引发事故的基础因素，通常包括技术、管理和环境等因素。间接原因不直接导致事故的发生，但可以影响事故直接原因的发生。事故间接原因分析就是通过对事故直接原因的分析，查找导致事故直接原因产生的基础因素和条件。

3. 事故后果分析。根据事故的后果形式、影响对象、影响范围等情况，确定事故的伤害、损失和（或）影响大小，能够量化的应该给出具体、准确的数量。

4. 事故类型分析。依据事故后果分析的结论确定事故的详细类型，能够划分级别的应该给出事故的具体级别。

5. 事故系统原因分析。就是通过对导致系统事故的人、环境、管理等方面的原因进行分析，查明系统的固有或潜在的危险因素及其相互联系，查找安全生产管理工作内容和管理方法中存在的缺陷或不健全之处，找出系统薄弱环节，确定导致事故发生的一种或多种系统原因。

四、认定事故性质

事故性质认定是分析确定事故发生是否有人为责任的工作。事故责任性质认定通常是根据有无人为责任对事故进行定性的，可以定性为"责任事故"或者"非责任事故"。

（一）事故责任

与事故原因有直接或者间接的联系，对事故后果有影响的行为和因素。

（二）责任事故

1. 违规、违章、违纪造成的事故。

2. 可以预见、抵御和避免的事故，但是由于人或管理者的原因，没有采取预防措施或者预防措施不力造成的事故。当事故发生原因中存在人员违背自然规律、违反法律、法规、条例、规程、制度、标准等行为时，认定为"责任事故"。

（三）非责任事故

当事故发生原因中没有人员责任，而是由于不可抗拒自然因素或目前科学无法预测的原因导致的事故，认定为"非责任事故"。

第二十七条 事故调查组应当根据事故的主要原因和次要原因，认定事故责任。

事故调查组应当根据责任单位和责任人员行为与特种设备事故发生及其后果之间的因果关系，以及在特种设备事故中的影响程度，认定责任单位和责任人员所负的责任。责任单位和责任人员所负的责任分为全部责任、主要责任和次要责任。

责任单位或者责任人员伪造或者故意破坏事故现场，毁灭、伪造或者隐匿证据，瞒报或者谎报事故等，致使事故责任无法认定的，应当承担全部责任。

【释义】

本条是关于事故责任认定与事故责任类别划分的规定。

一、法律责任概述

（一）定义

法律责任是指公民、法人或其他组织实施违法行为而受到的相应法律制裁。法律责任是由国家强制力来保障实施的，对于维护法律尊严，教育违法者和广大公民自觉守法具有重要意义。

（二）分类

法律责任从性质上说可分为3种：民事责任、行政责任和刑事责任。

1. 民事责任

民事责任也称为民事法律责任，是指民事主体违反民事义务而依法应承担的民事法律后果。民事责任的类型主要分为两大类，一类为违约责任，主要适用于合同、协议等双方约定的民事法律行为。另一类为侵权责任，主要适用于侵权损害类民事法律行为。

2. 行政责任

行政责任也称为行政制裁，是指由国家行政机关认定的行为人因违反行政法律规范所应当承担的法律后果。根据行政违法的程度,实施行政制裁的主体和制裁对象的不同,行政责任主要有行政处分和行政处罚两大类。

3. 刑事责任

刑事责任是指具有刑事责任能力的人实施了刑事法律规范所禁止的行为(即犯罪行为)所必须承担的刑事法律后果。刑罚是刑事责任的后果,刑罚的轻重,应当与犯罪分子所犯罪行和承担的刑事责任相适应。刑罚分为主刑和附加刑。主刑的种类如下:(1)管制;(2)拘役;(3)有期徒刑;(4)无期徒刑;(5)死刑。附加刑的种类如下:(1)罚金;(2)剥夺政治权利;(3)没收财产。附加刑也可以独立适用。

(三) 法律责任构成

法律责任的构成要件是指构成法律责任必须具备的各种条件或必须符合的标准,它是国家机关要求行为人承担法律责任时进行分析、判断的标准。

1. 民事责任构成要件

民事责任构成要件是指适用过错责任的责任行为的构成要件。一般包括违法行为、损害事实、因果关系、过错4个要件。违法的作为是指行为人实施了法律禁止实施的行为或者不实施法律所要求实施的行为。违法行为包括违法的作为和违法的不作为。损害是指利益的减少、丧失。损害包括财产损害和非财产损害。损害事实与行为之间有因果关系,是指损害事实是由行为所引起的,损害是行为的结果,行为是损害的原因。过错是指违法行为人对自己的行为及其后果的一种心理状态,分为过失和故意两种形式。

2. 行政责任构成要件

行政责任构成要件是指行为人承担行政责任必须同时具备的条件。一般说来,有以下4个方面:第一,行为人必须实施了行政违法行为。包括作为和不作为两种形态。第二,违法行为必须是在不同程度上侵犯了行政法律规范所要保护的社会关系,即必须有被侵犯的客体。第三,行为人必须存在主观上的过错。过错是指行为人实施违法行为时,有主观上的故意或者过失的心理状态。第四,行为人必须具有法定责任能力。行政责任的主体有两种:一种是自然人,另一种是法人。

3. 刑事责任构成要件

行为人只有实施了违法行为、构成犯罪的,才能承担刑事责任,因此,是否构成犯罪是确定应否承担刑事责任的基本条件。根据我国刑法的规定,构成犯罪必须具备4个要件:第一,犯罪主体。犯罪主体,是指实施危害社会的行为并且承担刑事责任的人。犯罪主体可分为一般主体和特殊主体。第二,犯罪主观方面。犯罪主观方面,是指犯罪主体对自己的行为及其危害结果所持的心理态度。包括罪过（犯罪的故意或者过失）和犯罪的目的、动机。第三，犯罪的客观方面。犯罪的客观方面，是指犯罪活动的客观外在表现。犯罪客观方面以客观事实特征为内容，主要有：危害行为、危害结果，以及危害的方式、方法、时间、动机、地点等。第四，犯罪客体。犯罪客体是指我国刑法所保护而为犯罪行为所侵犯的社会关系。通常将犯罪客体分为3种：一般客体、同类客体和直接客体。

（四）归责原则

归责是指由特定国家机关或者国家授权的机关依法对行为人的违法行为所引起的法律责任进行判断、确认、归结、缓减以及免除的活动。在如何界定其是否负有责任并且是否应当追究责任的法律适用上，应当遵循责任法定的原则，明确严格、具体的法律界限。依据法理原则，归责的法律原则包括：

1. 责任法定原则

责任者依法应当履行义务，必须是法律、行政法规明文规定应当给予法律制裁的责任者。确定是否属于事故责任者，一要看其是否负有法定义务，二要看其是否履行了法定义务。负有法定义务而未履行其义务的，承担法律责任。没有法定义务的，不承担法律责任。

2. 因果联系原则

违法行为应与事故发生有直接的因果关系。确定是否应负法律责任，必须搞清楚违法行为与损害后果之间是否具有直接或间接的因果关系。应当是出自行为人的故意或者过失而实施的违法行为，直接或间接导致了事故的发生或产生后果。

3. 责任自负原则

责任者实施了违法行为。事故责任者主观上必须有违法的故意或者过失，客观上独立并且直接实施了法规规定的具有危害性的违法行为。责任者实施的违法行为的范围不得扩大或者缩小，必须是特种设备安全等相关法律、法规有关义务性规范和禁止性规范中明文规定的行为。

4. 责任相称原则

法律责任的性质与责任者的违法行为性质应当相适应；法律责任的轻重和种类应当与责任者的违法行为的危害或者损害情节相适应；法律责任的轻重和种类还应当与责任者的主观恶性相适应。在分析责任者的责任轻重和大小时，应当综合确定其法律责任程度，适用相应轻重的责任追究。

二、事故责任认定

(一) 法规依据

1. 有关法律法规

《特种设备安全法》《安全生产法》《突发事件应对法》《刑法》《行政许可法》《行政强制法》《行政处罚法》《刑事诉讼法》《行政诉讼法》《民法典》《民事诉讼法》《产品质量法》以及《生产安全事故报告和调查处理条例》《特种设备安全监察条例》《危险化学品安全管理条例》《国务院关于特大安全事故行政责任追究的规定》《地方党政领导干部安全生产责任制规定》等。

不论是事故发生单位还是有关人民政府、市场监督管理部门、负有安全生产监督管理职责的有关部门及其有关人员，凡是实施了《特种设备安全法》等相关法规规定的违法行为的，都要对其进行责任追究。

2. 有关法规规定条款

（1）《特种设备安全法》第七条规定，特种设备生产、经营、使用单位应当遵守本法和其他有关法律、法规，建立、健全特种设备安全和节能责任制度，加强特种设备安全和节能管理，确保特种设备生产、经营、使用安全，符合节能要求。第十三条规定，特种设备生产、经营、使用单位及其主要负责人对其生产、经营、使用的特种设备安全负责。

（2）《安全生产法》第五条规定，生产经营单位的主要负责人是本单位安全生产第一责任人，对本单位的安全生产工作全面负责。其他负责人对职责范围内的安全生产工作负责；第二十一条具体列举了生产主要负责人对本单位安全生产工作负有的职责。

（3）《关于特大安全事故行政责任追究的规定》明确规定，对于锅炉、压力容器、压力管道和特种设备等特大安全事故，除了对地方人民政府主要领导人和政府有关部门正职负责人可以依法追究行政责任和刑事责任外，对市（地、州）、县（市、区）人民政府依照本规定应当履行职责而未履行，或者未按照规定的职责和程序履行，本地区发生特大安全事故的，对政府主要领导人，根据情节轻重，给予降级或者撤职的行政处分；负责对安全生产有关事项行政审批的政府部门或者机构、负责安全监督管理的政府有关部门，未依照本规定履行职责，发生特大安全事故的，对部门或者机构的正职负责人，根据情节轻重，给予撤职或者开除公职的行政处分；发生特大安全事故，社会影响特别恶劣或者性质特别严重的，由国务院对负有领导责任的省长、自治区主席、直辖市市长和国务院有关部门正职负责人给予行政处分。

（4）《地方党政领导干部安全生产责任制规定》明确规定，地方党政领导干部在落实安全生产工作责任中存在履职不到位、阻挠干涉监管执法或事故调查处理等五种情形将受到问责，涉嫌职务违法犯罪的，由监察机关依法调查处置。对工作不力导致生产安全事故人员伤亡和经济损失扩大，或者造成严重社会影响负有主要领导责任的地方党政领导干部，应当从重追究责任。地方党政领导干部对发生生产安全事故负有领导责任且失职失责性质恶劣、后果严重的，不论是否已调离转岗、提拔或者退休，都应当严格追究责任。

（5）2022年4月，国务院安委会经过梳理相关法律法规已有规定、以往管用举措和近年来针对新情况采取的有效措施，制定了进一步强化安全生产责任落实、坚决防范遏制重特大事故的十五条硬措施，包括严格落实地方党委、地方政府安全生产责任和企业主体责任。

（二）事故责任类别

特种设备的安全责任者包括取得许可从事特种设备生产、使用和检验检测活动的单位和个人，以及未经许可擅自从事相应活动的单位和个人，包括法人、组织、个体工商户和自然人等。

1. 责任者

责任者是指因违反法律法规而必须承担法律后果和责任的自然人或者组织，即责任单位或者责任人员，也称责任主体。

2. 全部责任者

全部责任者是指在其职责范围内，对承担的工作不履行或者不正确履行职责，对造成的后果起全部作用的人员或者单位。

3. 主要责任者

主要责任者是指在其职责范围内，对承担的工作不履行或者不正确履行职责，对造成的后果起主要作用的人员或者单位。

4. 次要责任者

次要责任者是指在其职责范围内，对承担的工作不正确履行职责，对造成的后果起次要作用的人员或者单位。

5. 领导责任者

领导责任者是指在其职责范围内，对直接主管或参与管理的工作不履行或者不正确履行职责，对造成的后果负领导责任的人员，包括主要领导责任者和重要领导责任者。

6. 主要领导责任者

主要领导责任者是指在其职责范围内，对直接主管的工作不履行或者不正确履行职责，对造成的后果负直接领导责任的人员。

7. 重要领导责任者

重要领导责任者是指在其职责范围内，对参与管理的工作不履行或者不正确履行职责，对造成的后果负次要领导责任的人员。

（三）认定方法

对事故责任人依法追究责任，是事故报告和调查处理工作的重要内容，也是贯彻落实"四不放过"原则的要求。对于事故性质确认为责任事故的，应当根据事故调查所确认的事实，结合有关单位和人员（岗位）的职责、行为和认识态度等情况，查明哪些人员对事故发生及后果负有责任。

在认定行为人法律责任时，第一，应当依据相关法规、规范、标准和职责规定的责任义务范围，确认其在事故发生、发展过程中，所承担责任的行为人义务的相关性，排除无法律依据的责任。第二，通过原因分析过程中的事实证据，认定行为人意志、思想等主观方面因素与外部行为之间的因果联系，区分与外部行为相关的直接性还是间接性。第三，判定行为人法律责任的轻重和种类应当与外部行为的主观恶性相适应，应当与违法行为的危害或损害相适应。第四，根据事故调查确认的事故损失或者后果的事实，查明行为人客观行为对损失或者后果所起的作用程度，对照法律法规等事先规定的性质、范围、程度、期限、方式，对行为人的法律责任进行认定和归结，认定行为人应当承担法律后果的轻重和种类，提出追究行为人法律责任的建议。

（四）关于全部责任认定

1. 规定的目的

《特种设备安全法》第七十条规定，特种设备发生事故后，事故发生单位应当按照应急预案采取措施，组织抢救，防止事故扩大，减少人员伤亡和财产损失，保护事故现场和有关证据，并及时向事故发生地县级以上人民政府负责特种设备安全监督管理的部门和有关部门报告。同样，《安全生产法》《突发事件应对法》等法规也明确规定了这样的责任义务。本规定第二章还具体规定了事故报告的程序和内容，这些规定，有利上级部门及时掌握情况，及时、有效地组织事故救援，防止发生次生或衍生灾害，减少现场人员和物品造成伤害。有利于及时向社会公布事故的有关情况，正确引导社会舆论。

除实施现场应急救援需要外，事故现场是查找事故发生原因、判定事故性质最主要的信息来源，真实、完整的事故现场是事故调查组开展事故调查工作的必要条件。通过开展事故调查处理，查清事故发生的原因，找到安全技术和管理方面存在的问题，可以更有针对性地采取预防措施；严肃处理事故责任人，可以教育有关人员从中吸取教训，增强特种设备安全意识和执行相关法律、法规的观念。

按照《安全生产法》第八十八条"任何单位和个人不得阻挠和干涉对事故的依法调查处理"的规定，为了保证事故调查处理的顺利进行，必须从制度上排除一切干扰和阻力，对阻挠、干涉依法调查处理事故的单位和个人，必须依法严肃处理。构成犯罪的，依法追究刑事责任；不构成犯罪的，依法给予行政处罚或者处分。

2. 责任认定

实践中，阻挠、干涉对事故的依法调查处理，表现出伪造或者故意破坏事故现场，毁灭、伪造或者隐匿证据，瞒报或者谎报事故等情形，致使事故无法调查的，在认定行为人违法责任构成时，其违法行为及其责任主体是事故发生、报告、现场保护等相关的单位和人员；违法行为是客观上实施了谎报或者瞒报事故情况，或者隐匿、毁灭有关证据或者故意破坏事故现场的行为，主观方面是主观故意实施的行为，违法行为造成的损失或者后果是致使事故责任无法认定，相关责任人员应当承担全部责任。

《特种设备安全法》第八十九条规定，发生特种设备事故，有下列情形之一的，对单位处五万元以上二十万元以下罚款；对主要负责人处一万元以上五万元以下罚款；主要负责人属于国家工作人员的，并依法给予处分：（一）发生特种设备事故时，不立即组织抢救或者在事故调查处理期间擅离职守或者逃匿的；（二）对特种设备事故迟报、谎报或者瞒报的。

《刑法修正案（六）》专门增加了不报或者谎报事故罪。不报或者谎报事故的行为可能构成不报或者谎报事故的犯罪。该犯罪的主体是事故发生单位主要负责人、直接负责的主管人员和其他直接责任人员，法定的"负有报告义务"的人；主观方面是应履行职务而不履行或不全面履行职务的主观故意行为；客观方面是客观实施了不报或者谎报事故情况的行为，造成了贻误事故抢救的后果。

不报或者谎报事故的行为适用《刑法》第一百三十九条之一构成不报、谎报安全事故罪的，处三年以下有期徒刑或者拘役；情节特别严重的，处三年以上七年以下有期徒刑。

有关地方人民政府、安全生产监督管理部门和负有安全生产监督管理职责的有关部门迟报、漏报、谎报或者瞒报事故符合上述条件，构成该罪，情节严重的，处三年以下有期徒刑或者拘役；情节特别严重的，处三年以上七年以下有期徒刑。

第二十八条 事故调查组应当向组织事故调查的市场监督管理部门提交事故调查报告。事故调查报告应当包括下列内容：

（一）事故发生单位情况和发生事故设备情况；

（二）事故发生经过和事故救援情况；

（三）事故造成的人员伤亡、设备损坏程度和直接经济损失；

（四）事故发生的原因和事故性质；

（五）事故责任的认定以及对事故责任单位和责任人员的处理建议；

（六）事故防范和整改措施；

（七）技术鉴定报告等有关证据材料。

事故调查报告应当由事故调查组集体会审，并经事故调查组全体成员签名。事故调查组成员有不同意见的，可以提交个人签名的书面材料，附在事故调查报告内。

【释义】

本条是事故调查组调查报告内容和报告审查的规定。

一、报告内容规定

（一）规定的目的

事故调查组向组织事故调查处理的市场监督管理部门提交事故调查报告，是事故调查组按照规定履行事故调查职责的集中体现。本条与本规定第十九条事故调查组职责的规定有效衔接，对事故调查报告的内容作出规定，有利于事故调查报告内容的规范、完整。目的是规范事故调查组工作质量，使事故调查报告能够体现科学、客观、公正的原则，真实客观地反映事故的原因、性质及其相关方责任，能够符合本级政府的批复要求，支撑有关部门对事故后期责任追究和整改措施落实等处理提供充分依据。

（二）内容要求

事故调查报告正文内容撰写应尊重客观事实，有明确的目的性、针对性，严格依照法律法规和本规定要求的内容条目进行编写。事故发生前后以及人员伤亡、财产损失等事实的描述要客观、准确，事故发生经过、原因分析要以调查证据为依据，事故原因结论要与事故调查的事实有必然联系。事故的责任认定要有法律依据，整改措施具有可行性。此外，语音表述要言简意赅，与事故原因有关的内容不能遗漏，与事故原因无关的内容尽量不写。

1. 真实性

为了体现事故调查报告的真实性，调查报告应以事故的客观事实为依据，真实、准确、全面地反映事故的情况。内容应当包括事故发生单位概况、事故发生经过和应急救援情况、人员伤亡和直接或间接经济损失、事故发生原因等的事实证据资料。事故调查报告不得对事故的客观事实进行修改、修饰，不得人为主观臆测，不得弄虚作假。

2. 证据性

事故调查报告应当以相关事实证据材料作为依据，其内容包括调查记录、询问笔录、鉴定报告、物证、书证、视听材料和其他相关材料，以客观地反映事故的原因、性质及其相关方责任，成为有关人民政府进行事故处理批复的重要依据，也成为司法机关办案的证据材料。

3. 建议性

事故调查的主要目的是查明事故原因，对事故性质、事故责任认定、事故责任者的处理建议和事故防范整改措施等问题提出建议。因此，事故调查报告需包含参加事故调查的全体成员的意见和建议，最后由有关人民政府对事故处理作出批复。

二、报告的审查规定

（一）会议审定

事故调查组应当依法、独立、公正开展调查，提出事故调查报告。调查组应当在原因分清、责任认定的基础上，由管理组汇总整理事故调查资料，形成事故调查报告初稿后，召开调查组全体会议，对事故调查报告初稿确定的事故原因、事故性质、事故责任、整改措施建议以及内容格式等进行讨论、修改，形成事故调查报告正文。此外还应当把事故调查过程中的相关资料予以审核、筛选并汇总成相关调查证据资料。

实施简易程序时，调查组也应当在原因分清、责任认定的基础上，召开调查组会议，对事故调查报告进行讨论，修改、形成事故调查报告正文。

事故调查报告审查后，应当由调查组全体成员签名；事故调查组成员有不同意见的，可以提交个人签名的书面材料，附在事故调查报告内。

事故调查报告通过会议集体决定的方式，群策群力、集思广益，共同进行讨论、修改、形成事故调查报告，有利于保证事故报告客观、公正，保证事故调查工作质量和公正性，同时也是依法调查程序的必然要求。

(二)附件要求

事故调查报告附具的有关证据材料是事故调查报告的重要部分,应作为事故调查报告的附件一并提交。其目的是增强事故调查报告的科学性、证明力、公信力。所附具的有关证据材料应当具有真实性,并作为事故调查报告的附件予以详细登记,必要时有关当事人及获得该证据材料的事故调查组成员应当在证据材料上签名。事故调查报告附件所包含的人员签名、有关证据资料和其他材料中有保密要求的,应依法保密。

第二十九条 组织事故调查的市场监督管理部门应当按照规定程序对事故调查报告以及资料进行完整性审核。必要时,可以向事故调查组提出追加调查的要求。

【释义】

本条是对事故调查报告进行完整性审核的规定。

一、目的

开展对事故调查报告完整性审核,是组织事故调查的市场监督管理部门内部控权程序,是保证依法行政执法效率、执法成本和依法行政之间进行利益衡量的必要措施。目的是加强对事故调查处理工作的管理,规范事故调查处理工作程序,保证事故调查处理工作质量,满足事故调查报告报批本级政府的要求。

二、程序要求

组织事故调查处理的市场监督管理部门应当在事故调查组完成事故调查报告,拟向本级人民政府提出事故调查报告报批申请书前,由分管特种设备安全监督管理机构负责人将事故调查报告及其相关调查处理情况说明,报请本机关负责人组织有关人员开展完整性审核,集体讨论,提出审核意见。

完整性审核会议前,特种设备安全监督管理机构应当整理、准备事故调查组提交的事故调查报告和相关法律依据和证据资料。

完整性审核会议中,对事实清楚、证据充分、定性准确、适用依据正确、程序合法、处理适当的,应当提出同意调查处理报告的意见;对定性不准、适用依据错误、程序不合法、处理不当的,建议纠正;对事实不清、证据不足的,建议补充调查。

完整性审核会议后,根据审核意见,特种设备安全监督管理机构应当协调事故调查组完善事故调查报告后，提出向本级人民政府报批事故调查报告申请书。

事故调查组应当对送审事故调查报告等资料的真实性、准确性、完整性以及事故调查的事实、证据、法律适用、程序的合法性负责。

三、审核内容

对事故调查报告的完整性审核主要内容包括：

1. 事故调查组组成是否合法，参与调查的人员是否符合规定要求。
2. 组织事故调查程序是否合法。
3. 事故的基本情况、事实是否清楚，相关原因分析、责任认定的证据是否合法充分。
4. 适用法律、法规是否准确，裁量基准运用是否适当。
5. 对相关责任单位和人员的处理建议是否超越本机关法定权限。
6. 事故调查报告及有关证据资料是否完备、规范。
7. 事故调查报告中相关责任单位和人员违法行为是否涉嫌犯罪、需要移送司法机关。
8. 其他依法应当审核的内容。

第三十条 特种设备事故调查应当自事故调查组成立之日起 60 日内结束。特殊情况下，经组织调查的市场监督管理部门批准，事故调查期限可以适当延长，但延长的期限最长不超过 60 日。

经济损失评估时间与技术鉴定时间不计入事故调查期限。

因无法进行事故现场勘察的，事故调查期限从具备现场勘察条件之日起计算。

【释义】

本条是关于事故调查时限的规定。

一、规定的意义

提出事故调查报告，意味着事故调查工作的结束。对事故调查工作设定时限，是要求组织事故调查处理的市场监督管理部门要加强事故调查组织管理，提高事故调查效率。另外，由于事故调查组是由多个部门和单位共同派人组成的，要顺利地开展事故调查处理工作，一方面要求组织事故调查的市场监督管理部门平时要与本级政府安委会等相关部门或机构建立事故调查处理工作协调沟通机制，储备专家库等技术支撑资源。事故发生后，才能本级政府领导下有效调动相关资源，组成事故调查组，按计划高效率组织开展事故调查工作。另一方面，也要求参加事故调查处理的有关部门必须有全局意识、大局意识和高度的工作责任心，互相配合，严格履行各自的职责，不能互相扯皮，互相推诿。

针对当前有的地方事故调查久拖不决、不能按时提交事故调查报告的情况较为普遍而作出的硬性规定，对落实"四不放过"原则、及时吸取事故教训意义重大。

二、调查期限规定

（一）原则要求

原则上，事故调查组应当自事故发生之日起 60 日内提交事故调查报告。这是法定期限，并且应当按自然日历计算，不是特指工作日。事故调查报告一般应在上述期限内提交。当然，需要技术鉴定的，技术鉴定所需时间不计入该时限，其提交事故调查报告的时限可以顺延。

（二）特殊要求

特殊情况下，经负责事故调查的人民政府批准，提交事故调查报告的期限可以适当延长，但延长的期限最长不超过 60 日。这里说的"特殊情况下"，一般是指事故等级较高、事故现场不能及时勘察、事故原因一时不易查清、事故责任认定需要大量调查工作等，如化工厂爆炸造成调查人员不能深入现场，60 日内难以达到本规定要求；要延长事故调查报告提交的期限，就应当经本级人民政府或组织事故调查的部门批准延长的期限可以是 10 日或 20 日，但最长不得超过 60 日。

第四章 事故处理

本章共9条,主要规定了事故调查报告报批、批复送达、落实责任追究和整改措施、公开、结案材料上报、调查材料归档与统计分析等内容,目的是规范事故处理程序,强化事故处理的落实。事故调查报告只有经过有关人民政府批复后,才具有效力,同时落实对事故发生单位和有关人员的行政处罚,对负有事故责任的国家公务人员进行处分,必须依法进行。落实事故发生单位的整改措施要接受监督和检查,要整理事故调查处理档案,进行事故调查处理数据统计分析,真正落实事故调查"四不放过的原则",达到举一反三,吸取事故教训,预防同类事故发生的效果。

第三十一条 事故调查结束后,组织事故调查的市场监督管理部门应当将事故调查报告报本级人民政府批复,并报上一级市场监督管理部门备案。

【释义】

本条是关于事故调查报告报批和备案的规定。

一、报批的必要性

《特种设备安全法》第七十三条规定,组织事故调查的部门应当将事故调查报告报本级人民政府,并报上一级人民政府负责特种设备安全监督管理的部门备案。《特种设备安全监察条例》第六十八条规定,事故调查报告应当由负责组织事故调查的特种设备安全监督管理部门的所在地人民政府批复,并报上一级特种设备安全监督管理部门备案。由此可见,本条规定,是落实法规规定的具体体现,也是落实行政行为公正、公开、透明原则,事故调查处理"四不放过"原则的体现。

事故调查组是为了调查某一特定事故而临时组成的,不管是有关人民政府直接组织的事故调查组,还是授权或者委托有关部门组织的事故调查组,其形成的事故调查报告只是事故调查组履行职责,对事故调查工作情况和事故调查结果全面表述的书面材料,是对责任人员、责任单位进行责任追究和落实预防整改措施的证据性资料，只有经过有关人民政府批复后，才具有执行效力，才能被执行和落实。

二、报批的主体和程序

（一）报批的主体

按照《特种设备安全法》第七十三条"组织事故调查的部门应当将事故调查报告报本级人民政府，并报上一级人民政府负责特种设备安全监督管理的部门备案"的规定，组织事故调查的部门应当将事故调查报告报本级人民政府批复，事故调查报告报批的主体是组织事故调查的市场监督管理部门，批复的主体是本级人民政府。

一般来说，省级市场监督管理部门组织的事故调查，报省级人民政府批复，并报国务院市场监督管理总局备案；市级市场监督管理部门组织的事故调查，报市级人民政府批复，并报省级市场监督管理部门备案。根据本规定第十七条，委托下级市场监督管理部门组织事故调查，报请受委托的同级人民政府批复，并报委托的市场监督管理部门备案。

（二）报批的程序

报批的程序是事故调查组在规定的时限完成事故调查，向组织事故调查的市场监督管理部门提交事故调查报告。组织事故调查的市场监督管理部门对事故调查报告进行完整性审查后，向本级人民政府提出报批书面申请，并附事故调查报告和相关证据资料。

三、批复的内容与时限

（一）批复内容

人民政府收到事故调查报告的批复申请后，需对调查报告中关于事故基本情况尤其是事故定性、责任划分和处理建议等问题进行全面的讨论研究。如果认为调查报告对事故原因认定不清、定性不准、责任不明，有权要求进行重新调查或者补充调查材料。一般批复内容包括：

1. 事故调查是否符合有关法律法规规定。
2. 事故定性、事故原因分析是否准确。
3. 是否同意对事故责任人（单位）的处理建议（对有关责任人员党纪政纪追究，明确由纪检监察机关依照法定程序组织处理）。

4. 是否同意对事故的防范和整改措施。

5. 明确相关部门和单位督促落实对事故责任人（单位）的处理、事故防范和整改措施。

6. 责成有关部门和单位及时反馈处理情况。

（二）批复的时限

《生产安全事故报告和调查处理条例》规定，重大事故、较大事故、一般事故的调查报告的批复时限为15日，起算时间是接到事故调查报告之日。考虑到特别重大事故一般情况比较复杂，涉及面较广，特别重大事故调查报告批复的主体是国务院，批复时限为30日，起算时间也是接到事故调查报告之日。同时规定，在有些特殊情况下，比如需要对事故调查报告的部分内容进行核实、对事故责任人的处理问题进行研究等，对特别重大事故的调查报告确实难以在30日内作出批复的，批复时限可以适当延长，但对延长的期限作了严格限制，最长不超过30日。

四、备案要求

组织事故调查的市场监督管理部门应当及时将事故调查报告报上一级市场监督管理部门备案，这样有利于上一级部门掌握下一级部门组织的事故调查情况，便于对下级部门事故调查工作进行监督和指导，便于统计分析本行政区域事故发生规律、提出防范措施，及时开展相关行业的专项整治工作，对相关行业进行监督检查。

第三十二条 组织事故调查的市场监督管理部门应当在接到批复之日起15日内，将事故调查报告及批复意见送达有关地方人民政府及有关部门，并抄送事故发生单位、责任单位和责任人员。

【释义】

本条是关于事故调查报告及批复意见送达的规定。

一、送达的意义

送达是行政机关依据法定的方式将法律文书送交有关部门或当事人的行为。事故调查报告经本级人民政府批复后，必须让有关单位和当事人明确知晓批复的意见，促使具有行政管辖权和具有行政处罚职责的单位及时开展对事故责任单位和人员落实政府的批复意见，同时也可以使当事人了解事故调查报告与批复意见的内容，知道自己依法享有的权利，及时进行陈述和申辩或依法申请行政复议和提起行政诉讼，保护自己的合法权益。

二、送达程序和方式

（一）送达的主体

负责送达的主体是组织事故调查的市场监督管理部门，接收单位或人员是政府批复中涉及的有关地方人民政府及有关部门，事故发生单位、责任单位和责任人员等。

（二）送达的时限

送达的时限是十五工作日内，受送达人在送达回证上注明的签收日期为送达日期。

（三）送达方式

常见的送达的方式主要有直接送达、留置送达。无特殊情况的，均应适用直接送达的方式。

1. 直接送达的，由受送达人在送达回证上注明签收日期，并签名或者盖章，即为送达；受送达人是自然人的，本人不在时交其同住成年家属签收；受送达人是法人或者其他组织的，应当由法人的法定代表人、其他组织的主要负责人或者该法人、其他组织负责收件的人签收，即为送达；受送达人有代理人的，可以送交其代理人签收，即为送达。

2. 留置送达的，受送达人或者其同住成年家属拒绝签收的，市场监督管理部门可以邀请有关基层组织或者所在单位的代表到场，说明情况，在送达回证上载明拒收事由和日期，由送达人、见证人签名或者以其他方式确认，将执法文书留在受送达人的住所；也可以将执法文书留在受送达人的住所，并采取拍照、录像等方式记录送达过程，即视为送达。

第三十三条 市场监督管理部门及有关部门应当根据批复后的事故调查报告，依照法定权限和程序，对负有事故责任的相关单位和人员实施行政处罚，对负有事故责任的公职人员进行处分。

市场监督管理部门及其工作人员在特种设备事故调查和处理中存在违纪违法行为的，由纪检监察机关依法给予党纪政务处分。

涉嫌犯罪的，依法移送监察机关、司法机关处理。

【释义】

本条是有关部门落实责任追究意见的规定。

一、落实主体

本条规定明确的落实主体是市场监督管理部门和有关机关。其中"有关机关"不是特定主体,可能是一个机关,也可以是多个机关,应当根据批复的内容不同而不同。一般来说,"有关机关"包括作出批复的人民政府、下级人民政府以及具有行政管理职能、负有安全生产管理职能等有关部门。如果涉嫌犯罪,"有关部门"则指司法部门。

二、落实权限

(一) 政务处分

对公职人员给予政务处分的原则、种类、适用规则、公职人员违法行为及其应当给予的政务处分、政务处分的程序以及不服政务处分决定的救济程序等,按照《中华人民共和国公职人员政务处分法》规定执行;对负有事故责任的公职人员进行执法、廉政、效能等行政处分的,由监察机关按照《行政监察法》规定,对国家行政机关及其公务员和国家行政机关任命的其他人员实施监察,并按第十八条规定对监察对象执法、廉政、效能情况进行监察。

(二) 党纪处分

对于具有党员身份的公职人员给予党纪处分主要依据《中国共产党纪律处分条例》《中国共产党党内监督条例》《安全生产领域违法违纪行为政纪处分暂行规定》等党内法规;党纪处分的实施主体是享有决定权和处分权的各级党组织,包括党委(党组)、纪委(纪检组)、党工委、纪工委。

(三) 行政处罚

对负有事故责任的相关单位和人员实施行政处罚,按照《行政处罚法》第十七条规定"行政处罚由具有行政处罚权的行政机关在法定职权范围内实施",行政处罚的适用主体是行政机关或法律、法规授权的组织。但被授权的组织必须具有管理公共事务的职能;行政机关委托的组织受委托的组织必须具备以下条件:一是依法成立的管理公共事务的事业组织；二是具有熟悉有关法律、行政法规、地方性法规、规章和业务的正式工作人员；三是具备必要的技术检查或技术鉴定的条件。

（四）刑事犯罪

对负有事故责任的相关单位和人员涉嫌犯罪的，按照《刑事诉讼法》第三条"对刑事案件的侦查、拘留、执行逮捕、预审，由公安机关负责。检察、批准逮捕、检察机关直接受理的案件的侦查、提起公诉，由人民检察院负责。审判由人民法院负责"执行。刑事责任的主体包括自然人和单位。自然人主体是指达到刑事责任能力的自然人。单位主体是指实施危害社会行为并依法应负刑事责任的公司、企业、事业单位、机关、团体。

三、责任追究的内容

（一）行政责任

1. 依据

《安全生产法》第十六条规定，国家实行生产安全事故责任追究制度，依照本法和有关法律、法规的规定，追究生产安全事故责任单位和责任人员的法律责任。第八十七条规定，生产经营单位发生生产安全事故，经调查确定为责任事故的，除了应当查明事故单位的责任并依法予以追究外，还应当查明对安全生产的有关事项负有审查批准和监督职责的行政部门的责任，对有失职、渎职行为的，依照本法第九十条的规定追究法律责任。《特种设备安全法》第九十八条规定，违反本法规定，构成犯罪的，依法追究刑事责任。《特种设备安全法》第八十九条、第九十条、第九十一条，发生特种设备事故时，依据不同的情形，就事故责任追究问题作出了具体规定。

此外，《国务院关于特大安全事故行政责任追究的规定》（国务院令第302号），对于锅炉、压力容器、压力管道；特种设备等特大安全事故明确规定，除了对地方人民政府主要领导人和政府有关部门正职负责人可以依法追究行政责任和刑事责任外，对市（地、州）、县（市、区）人民政府、负责对安全生产有关事项行政审批的政府部门或者机构、负责安全监督管理的政府有关部门等根据情节轻重，分别给予撤职或者开除公职的行政处分；发生特大安全事故，社会影响特别恶劣或者性质特别严重的，由国务院对负有领导责任的省长、自治区主席、直辖市市长和国务院有关部门正职负责人给予行政处分。2018年国务院发布的《地方党政领导干部安全生产责任制规定》要求，地方党政领导干部在落实安全生产工作责任中存在履职不到位、阻挠干涉监管执法或事故调查处理等五种情形将受到问责，涉嫌职务违法犯罪的，由监察机关依法调查处置。

2. 类型

按照《特种设备安全法》或其他法律、行政法规的规定，有关机关落实批复的主要内容有两项：一是对事故发生单位和有关人员进行行政处罚，二是对负有事故责任的国家工作人员进行处分。追究事故责任的主要内容，一是对事故发生单位和有关人员进行行政处罚，二是对负有事故责任的国家工作人员进行处分。

3. 目的

行政责任追究的目的在于预防事故发生单位和有关人员以及其他单位或个人实施新的违法行为，为了规范行政处罚的设定和实施，保障和监督行政机关有效实施行政管理，维护公共利益和社会秩序，保护公民、法人或者其他组织的合法权益。

（二）刑事责任

1. 刑事责任类型

《刑法》第一百三十四条至第一百三十九条规定了重大责任事故罪，重大劳动安全事故罪，危险物品肇事罪，工程重大安全事故罪，教育设施重大安全事故罪，消防责任事故罪，不报、谎报安全事故罪；第二百二十九条规定提供虚假证明文件罪等事故犯罪的刑事责任。

2. 立案条件

应依据《最高人民法院 最高人民检察院关于办理危害生产安全刑事案件适用法律若干问题的解释》（法释〔2015〕22号）的相关规定。

第六条 实施刑法第一百三十二条、第一百三十四条第一款、第一百三十五条、第一百三十五条之一、第一百三十六条、第一百三十九条规定的行为，因而发生安全事故，具有下列情形之一的，应当认定为"造成严重后果"或者"发生重大伤亡事故或者造成其他严重后果"，对相关责任人员，处三年以下有期徒刑或者拘役：

（一）造成死亡一人以上，或者重伤三人以上的；

（二）造成直接经济损失一百万元以上的；

（三）其他造成严重后果或者重大安全事故的情形。

实施刑法第一百三十四条第二款规定的行为，因而发生安全事故，具有本条第一款规定情形的，应当认定为"发生重大伤亡事故或者造成其他严重后果"，对相关责任人员，处五年以下有期徒刑或者拘役。

实施刑法第一百三十七条规定的行为，因而发生安全事故，具有本条第一款规定情形的，应当认定为"造成重大安全事故"，对直接责任人员，处五年以下有期徒刑或者拘役，并处罚金。

实施刑法第一百三十八条规定的行为，因而发生安全事故，具有本条第一款第一项规定情形的，应当认定为"发生重大伤亡事故"，对直接责任人员，处三年以下有期徒刑或者拘役。

第七条 实施刑法第一百三十二条、第一百三十四条第一款、第一百三十五条、第一百三十五条之一、第一百三十六条、第一百三十九条规定的行为，因而发生安全事故，具有下列情形之一的，对相关责任人员，处三年以上七年以下有期徒刑：

（一）造成死亡三人以上或者重伤十人以上，负事故主要责任的；

（二）造成直接经济损失五百万元以上，负事故主要责任的；

（三）其他造成特别严重后果、情节特别恶劣或者后果特别严重的情形。

实施刑法第一百三十四条第二款规定的行为，因而发生安全事故，具有本条第一款规定情形的，对相关责任人员，处五年以上有期徒刑。

实施刑法第一百三十七条规定的行为，因而发生安全事故，具有本条第一款规定情形的，对直接责任人员，处五年以上十年以下有期徒刑，并处罚金。

实施刑法第一百三十八条规定的行为，因而发生安全事故，具有下列情形之一的，对直接责任人员，处三年以上七年以下有期徒刑：

（一）造成死亡三人以上或者重伤十人以上，负事故主要责任的；

（二）具有本解释第六条第一款第一项规定情形，同时造成直接经济损失五百万元以上并负事故主要责任的，或者同时造成恶劣社会影响的；

第八条 在安全事故发生后，负有报告职责的人员不报或者谎报事故情况，贻误事故抢救，具有下列情形之一的，应当认定为刑法第一百三十九条之一规定的"情节严重"：（一）导致事故后果扩大，增加死亡一人以上，或者增加重伤三人以上，或者增加直接经济损失一百万元以上的；（二）实施下列行为之一，致使不能及时有效开展事故抢救的：1. 决定不报、迟报、谎报事故情况或者指使、串通有关人员不报、迟报、谎报事故情况的；2. 在事故抢救期间擅离职守或者逃匿的；3. 伪造、破坏事故现场，或者转移、藏匿、毁灭遇难人员尸体，或者转移、藏匿受伤人员的；4. 毁灭、伪造、隐匿与事故有关的图纸、记录、计算机数据等资料以及其他证据的；（三）其他情节严重的情形。

具有下列情形之一的，应当认定为刑法第一百三十九条之一规定的"情节特别严重"：（一）导致事故后果扩大，增加死亡三人以上，或者增加重伤十人以上，或者增加直接经济损失五百万元以上的；（二）采用暴力、胁迫、命令等方式阻止他人报告事故情况，导致事故后果扩大的；(三) 其他情节特别严重的情形。

第九条 在安全事故发生后，与负有报告职责的人员串通，不报或者谎报事故情况，贻误事故抢救，情节严重的，依照刑法第一百三十九条之一的规定，以共犯论处。

3. 涉嫌刑事犯罪案件移送

(1) 移送时机。一般来说，事故调查中发现事故责任性质涉嫌犯罪的，或者各级人民政府批复后，事故调查报告中建议对事故责任人追究刑事责任的，应当及时向检察机关等司法机关移交涉嫌犯罪者有关材料或者复印件。这里的"及时"就是在第一时间内，目的是能对涉嫌犯罪者及时追究刑事责任。既可以在事故调查工作中进行移交，也可以在提交事故调查报告时向司法机关移交。这一规定体现了事故调查工作和刑事责任追究的配合和衔接。

(2) 程序规定。按照《行政执法机关移送涉嫌犯罪案件的规定》（国务院令第310号）第五条规定，"行政执法机关对应当向公安机关移送的涉嫌犯罪案件，应当立即指定2名或者2名以上行政执法人员组成专案组专门负责，核实情况后提出移送涉嫌犯罪案件的书面报告，报经本机关正职负责人或者主持工作的负责人审批。行政执法机关正职负责人或者主持工作的负责人应当自接到报告之日起3日内作出批准移送或者不批准移送的决定。决定批准的，应当在24小时内向同级公安机关移送；决定不批准的，应当将不予批准的理由记录在案。"第六条规定，"行政执法机关向公安机关移送涉嫌犯罪案件，应当附有下列材料：（一）涉嫌犯罪案件移送书；（二）涉嫌犯罪案件情况的调查报告；（三）涉案物品清单；（四）有关检验报告或者鉴定结论；（五）其他有关涉嫌犯罪的材料。"

(三) 民事责任

1. 依据

(1)《安全生产法》第一百一十六条规定，生产经营单位发生生产安全事故造成人员伤亡、他人财产损失的，应当依法承担赔偿责任；拒不承担或者其负责人逃匿的，由人民法院依法强制执行。生产安全事故的责任人未依法承担赔偿责任，经人民法院依法采取执行措施后，仍不能对受害人给予足额赔偿的，应当继续履行赔偿义务；受害人发现责任人有其他财产的，可以随时请求人民法院执行。

(2)《特种设备安全法》第九十七条规定，违反本法规定，造成人身、财产损害的，依法承担民事责任。违反本法规定，应当承担民事赔偿责任和缴纳罚款、罚金，其财产不足以同时支付时，先承担民事赔偿责任。

(3)《民法典》规定，行为人因特种设备事故过程中的过错行为侵害他人民事权益造成损害的，属于侵权民事责任。依照法律规定推定行为人有过错，其不能证明自己没有过错的，应当承担侵权责任。行为人造成他人民事权益损害不论行为人有无过错，法律规定应当承担侵权责任的，依照其规定事故责任单位和责任人员应当依法承担赔偿责任。其中，用人单位的工作人员因执行工作任务造成他人损害的，由用人单位承担侵权责任；因第三人的行为造成他人损害的，由第三人承担侵权责任；管理人或者组织者未尽到安全保障义务的，承担相应的补充责任。如果生产经营单位拒不承担赔偿责任，或者生产经营单位的负责人逃匿的，由人民法院依法强制执行。

2. 种类

事故造成的民事责任主要是财产损失赔偿责任和人身伤害民事责任。赔偿责任主要包括造成人身和财产损害两方面的责任。侵害他人造成人身损害的，应当赔偿医疗费、护理费、交通费等为治疗和康复支出的合理费用，以及因误工减少的收入。造成残疾的，还应当赔偿残疾生活辅助具费和残疾赔偿金。造成死亡的，还应当赔偿丧葬费和死亡赔偿金。侵害他人财产的，财产损失按照损失发生时的市场价格或者其他方式计算。

事故造成人员伤亡的，按照《工伤保险条例》（国务院令〔2010年〕第586号）的有关规定执行。第三十九条规定，职工因工死亡，其近亲属按照规定从工伤保险基金领取丧葬补助金、供养亲属抚恤金和一次性工亡补助金，其中第（三）项，"一次性工亡补助金标准为上一年度全国城镇居民人均可支配收入的20倍。"第四十条规定，"伤残津贴、供养亲属抚恤金、生活护理费由统筹地区社会保险行政部门根据职工平均工资和生活费用变化等情况适时调整。调整办法由省、自治区、直辖市人民政府规定。"

（四）关于事故调查工作中市场监督管理部门和工作人员违纪问题处理

1. 违法行为种类

政府、有关部门及其人员在事故调查工作中的违法行为，其种类主要有：（1）迟报、漏报、谎报或者瞒报事故；（2）伪造或者故意破坏事故现场；（3）转移、隐匿资金、财产，或者销毁有关证据、资料；（4）事故调查处理期间擅离职守；（5）拒绝接受调查或者拒绝提供有关情况和资料；（6）在事故调查中作伪证或者指使他人作伪证；（7）事故发生后逃匿；（8）阻碍、干涉事故调查工作；（9）对事故调查工作不负责任，致使事故调查工作有重大疏漏；（10）包庇、袒护负有事故责任的人员或者借机打击报复；（11）故意拖延或者拒绝落实经批复的对事故责任人的处理意见等。

2. 实施程序

市场监督管理部门及其工作人员在特种设备事故调查和处理中存在违纪违法行为的，

由纪检监察机关依法给予党纪政务处分。

监察部、国家安监总局《安全生产领域违法违纪行为政纪处分暂行规定》第八条、第九条、第十条对安全生产领域涉及事故调查的具体违纪行为表现形式和进行纪律处分作出明确规定。

中纪委《安全生产领域违纪行为适用〈中国共产党纪律处分条例〉若干问题的解释》对安全生产领域的具体违纪行为如何适用《中国共产党纪律处分条例》也归纳概括了10类安全生产领域的违纪行为及其具体表现形式，并对其适用《党纪处分条例》的具体条款对国家行政机关及其公务员进行警告、记过或者记大过处分，情节较重的，给予降级或者撤职等处分处理作出明确规定。

2020年6月20日第十三届全国人民代表大会常务委员会第十九次会议通过的《中华人民共和国公职人员政务处分法》相关条款也作出规定。

实践中，还需要注意以下两点：

一是追究法律责任的对象，是负有安全生产监督管理职责的部门的工作人员。这里的工作人员，既包括具体从事安全生产有关事项审查批准和监督管理职责的经办人员，也包括相关行政部门及其相关机构的负责人。同时对于法律责任性质的理解，应当结合失职、渎职行为的严重程度加以把握。情节较为轻微，不构成刑事责任的，则给予责任人党纪或政务处分。如果情节严重，影响恶劣，满足刑法相关罪名构成要件的，还要进一步追究有关人员的刑事责任。

二是在追究失职、渎职行为时，要避免盲目扩大化。事故的调查处理，最终目的是查明原因、接受教训、举一反三，以后不再发生相类似的事故，而不仅仅是处罚相关人员。

第三十四条 事故发生单位及事故责任相关单位应当落实事故防范和整改措施。防范和整改措施的落实情况应当接受工会和职工的监督。

事故责任单位应当及时将防范和整改措施的落实情况报事故发生地的市级市场监督管理部门。

【释义】

本条是事故发生单位落实防范和整改措施以及接受监督义务的规定。

一、事故发生单位落实防范和整改措施

本条规定是落实《特种设备安全法》第七十三条"事故责任单位应当依法落实整改措

施,预防同类事故发生"的具体要求。这样规定的目的,就是要明确事故调查处理的根本目的不只绝不仅仅是发现某人的问题和责任给予惩治,更是要在通过事故调查查明事故原因,发现漏洞,分清责任的基础上,使生产经营单位领导和职工从中吸取教训。事故发生单位作为责任主体,也应当是落实防范和整改措施的主体,应当认真反思,吸取教训,查找安全生产管理方面的不足和漏洞,提出具体的防范和整改措施,进而防止类似事故再次发生。针对人的不安全行为,对职工开展安全知识教育和岗位技能培训,增强安全意识,提升安全管理和操作技能;从设备的不安全因素入手,完善生产工艺,加强设备运行维护和运行检查,提升本质安全水平,降低和减少事故发生的。从加强安全管理,规范使用特种设备为出发点,应当健全安全生产规章制度和完善安全操作规程,加强风险分级管控和隐患治理,加强安全文化建设,不断提高企业安全管理水平。

二、工会和职工的监督

(一)意义

特种设备安全直接关系到职工的生命安全,特别是事故发生后,事故发生单位是否落实了防范和整改措施,排除了事故隐患,直接关系到广大职工的根本权益能否得到保障。实践中,确实存在一些事故发生单位由于受经济利益的驱动,在未落实防范和整改措施的情况下,便急于重新开始生产经营活动,置职工的生命安全于不顾。由于职工直接参与单位的生产经营活动,对事故发生单位是否落实防范和整改措施,了解和掌握的比较清楚。因此,工会应当代表职工与单位进行交涉,要求其落实防范和整改措施,保障职工在安全的条件下从事劳动,明确工会有权对事故发生单位落实防范和整改措施的监督,具有重要意义。

(二)依据

《中华人民共和国工会法》第六条第一款规定:"维护职工合法权益、竭诚服务职工群众是工会的基本职责。工会在维护全国人民总体利益的同时,代表和维护职工的合法权益。"第二十三条明确规定了企业、事业单位不提供劳动安全卫生条件的,工会应当代表职工与企业、事业单位交涉,要求企业、事业单位采取措施予以改正。第二十六条规定:"工会有权对企业、事业单位、社会组织侵犯职工合法权益的问题进行调查,有关单位应当予以协助。"

（三）监督方式

工会和职工对防范和整改措施的落实情况进行监督的手段主要有两种：一是直接与单位进行交涉，敦促事故发生单位落实防范和整改措施；二是向有监督管理职权的部门反映情况，由有关部门督促事故单位落实。事故发生单位应当本着对职工生命安全高度负责的精神，积极、主动地将落实情况告知单位职工和工会，自觉接受监督。

三、防范和整改结果报送

事故发生单位应当及时将防范和整改措施的落实情况报事故发生地的市级市场监督管理部门，这是事故责任单位应当履行主体责任，是落实组织事故调查市场监督管理部门提出的整改措施建议的需要。同时各级特种设备安全监督管理部门通过梳理审查事故发生单位的整改情况，发现问题，有利于及时掌握事故发生单位落实防范和整改措施的情况，依法采取有关措施，进一步明确特种设备现场监督检查工作的方向，能够防止事故发生单位应改不改、能改不改、表面整改、虚假整改等整改不力行为，防范类似特种设备事故的再次发生，切实提高特种设备安全监督管理工作水平，提升特种设备安全运行保障能力。

四、事故整改和防范措施落实情况的评估

根据《安全生产法》第八十六条第三款的规定，负责事故调查处理的国务院有关部门和地方人民政府应当在批复事故调查报告后一年内，组织有关部门对事故整改和防范措施落实情况进行评估，并及时向社会公开评估结果，为落实《中共中央国务院关于推进安全生产领域改革发展的意见》《国务院安委会办公室关于印发生产安全事故防范和整改措施落实情况评估办法的通知》（安委办〔2021〕4号）第三条作出了具体规定："事故结案后10个月至1年内，负责事故调查的地方政府和国务院有关部门要组织开展评估，具体工作可以由相应安全生产委员会或安全生产委员会办公室组织实施。"

这是2021年修订的《安全生产法》新增加的内容，针对实践中一些地区事故调查报告出来后，对所提出的整改措施监督不力，落实不到位，致使同一地区、同一行业领域同类事故反复发生，旨在进一步强化对事故整改和防范措施落实情况的监督，建立事故暴露问题整改督办制度，事故结案后一年内，负责事故调查的地方政府和国务院有关部门要组织开展评估，及时向社会公开。评估的内容是指事故整改和防范措施落实情况。对履职不力、整改措施不落实的，依法依规严肃追究有关单位和人员责任。

针对这一要求，各级市场监督管理部门对特种设备事故防范和整改措施的落实情况也

应当建立强制性的评估制度,最大限度地督促相关的整改措施在规定时间内落实到位,避免有关安全生产隐患久拖未决,导致人民群众的生命财产安全始终处在危险当中,甚至导致相同或类似的事故再次发生。

第三十五条 事故调查处理情况由组织调查的市场监督管理部门按照《中华人民共和国政府信息公开条例》的有关规定,依法向社会公开。

【释义】

本条是关于事故调查报告依法公开的规定。

一、信息公开的作用

特种设备事故的调查处理情况属于政府公共信息的范畴,涉及当事方的切身利益,也涉及社会公众的知情权,依照《政府信息公开条例》的规定,应当向社会公布。这是回应人民群众关切的重要举措,也有利于社会对事故处理过程、结果进行有效监督。其主要作用包括:

1. 公布事故处理情况,具有宣传、教育和警示的作用。
2. 有利于充分发挥社会的监督作用。
3. 有利于建设公开透明的政府。

二、信息公开的主体与方式

事故处理情况可以由负责事故调查的人民政府直接向社会公布,也可以由其授权的有关部门、机构负责向社会公布。实践中根据不同的事故等级,公布的主体也会有所不同。向社会公布事故调查报告可以通过报刊、网络等形式,可以是其中的一种形式,也可以同时采用多种形式。

需要注意的是,向社会公布事故调查报告时,对于依法应当保密的内容,不向社会公布。这里所说的依法应当保密的内容既包括依据《保守国家秘密法》等规定的属于国家秘密的信息,也包括依据其他有关法律、行政法规规定,应当保密的企业商业秘密,是指不为公众所知悉,能为权利人带来经济利益,具有实用性并经权利人采取保密措施的技术信息和经营信息。在实际操作中,有关地方人民政府和部门不能以事故调查报告中某一部分需要保密为由,不予公布,而是应当对事故调查报告的保密部分作出适当处理后,依法予以公布。

第三十六条 事故调查的有关资料应当由组织事故调查的市场监督管理部门归档保存。归档保存的材料包括现场勘察笔录、技术鉴定报告、事故调查报告、事故批复文件等。

【释义】

本条是事故调查有关资料归档保存的规定。

一、归档保存的意义

事故档案是指特种设备事故报告、事故调查和处理过程中形成的具有保存价值的各种文字、图表、声像、电子等不同形式的历史记录。它是在事故调查处理中形成的专门档案，是特种设备生产、检验、使用和科学实验等过程中经验教训的凭据。它是记述人们对各种特种设备事故的现象、发生规律及预防对策的认识和总结。认真收集、管理好事故档案，充分利用事故档案，找出事故发生的共性原因，发现隐藏在事故背后的规律性，针对人的不安全行为、物的不安全状态及企业管理不足，可以抓住特种设备安全工作的关键点，从而有事实、有依据、有针对性地指导特种设备安全监督管理工作，提高特种设备安全监督管理工作的效率与质量。

二、收集归档管理要求

（一）收集管理

事故文件材料的收集归档是事故报告和调查处理工作的重要环节。事故档案的管理应与事故报告、事故调查和处理同步进行。参加事故调查处理的有关单位及个人都有维护事故档案完整、准确、系统、安全的义务。任何单位和个人都不得将事故档案据为己有或拒绝归档。

一般由市场监督管理部门实施的特种设备事故调查，在事故调查中应由事故调查组组长或组长单位指定人员负责收集、整理事故调查和处理期间形成的文件材料。事故调查结束后，事故调查组成员应在所承担的工作结束后10日内，将工作中形成的事故调查文件材料收集齐全，移交指定人员，统一归档。归档保存应当符合《档案法》的有关规定。负责事故处理的部门在事故处理结束后30日内向本单位档案部门移交事故档案。

（二）档案交接保存

凡需要归档的事故材料，必须进行系统整理，装订成册，统一交给档案管理部门保存。

事故档案的编制移交目录应一式两份。移交时按目录清点落实,交接双方签字。负责事故档案管理工作的市场监督管理部门,应当具有符合档案管理要求的保存场所、保管条件,确保事故档案安全,并由专人负责事故档案管理。

三、归档保存的文件材料

事故调查及处理工作中应归档的文件材料主要有:

(一)事故调查组织管理工作的有关材料

包括事故报告及领导批示;事故调查组成立批准文件、内部分工、调查组成员名单及签字,事故调查组工作简报;与事故调查工作有关的会议记录;其他与事故调查有关的文件材料。

(二)现场调查实物资料

包括事故抢险救援报告;现场勘察报告及事故现场勘察材料,包括事故现场图、照片、录像,勘察过程中形成的其他材料等;事故技术分析、取证、鉴定等材料,包括技术鉴定报告,专家鉴定意见,设备、仪器等现场提取物的技术检测或鉴定报告以及物证材料或物证材料的影像材料,物证材料的事后处理情况报告等。

(三)现场调查书证、言词证据资料

包括特种设备事故发生单位安全管理情况和特种设备生产、使用、检验、改造维修情况调查报告;伤亡人员名单,尸检报告或死亡证明,受伤人员伤害程度鉴定或医疗证明;调查取证、谈话、询问笔录等;有关认定事故原因、管理责任的调查取证材料,包括事故责任单位营业执照及有关资质证书复印件、操作规程及生产工艺图纸等;关于事故经济损失的材料。

(四)事故原因分析、责任认定资料和整改措施建议

包括事故原因分析会议纪要;关于事故责任认定和对责任人进行处理的相关单位的意见函;事故技术调查报告,事故调查报告;调查处理意见的请示(附有调查报告)。

(五)事故处理资料

事故调查报告批复申请报告;事故处理决定、批复或结案通知;关于事故责任单位和

责任人的责任追究落实情况的文件材料。

（六）其他与事故处理有关的文件材料

第三十七条 组织事故调查的市场监督管理部门应当在接到事故调查报告批复之日起 30 日内将事故调查报告和批复意见逐级上报至国家市场监督管理总局。

【释义】

本条是关于事故调查报告和批复意见结案上报的规定。

一、结案材料的内容

结案材料是对事故原因已经查清，政府对事故调查报告进行批复后，由负责事故调查的市场监督管理部门报给上级机关的书面报告。结案表示整个事故按法定程序处理完毕，各种材料可以归档存查。事故结案材料一般包括事故调查报告、主要证据材料以及政府批复报告等资料。

二、事故信息报送

为了掌握全国特种设备事故信息，国家市场监督管理总局建立了特种设备事故信息报送系统，通过收集各地的事故结案材料，进行归类整理，对特种设备事故的情况、特点、原因进行统计分析，根据特种设备的管理和技术特点、事故情况，研究制定有针对性的工作措施，防止和减少事故的发生；同时，将为相关法规标准的制修订提供重要依据，并为相关国家特种设备监管政策的拟定提供重要参考。

三、报送期限和方式

依据本条的规定，负责事故调查的市场监督管理部门应当在接到本级人民政府批复调查报告后，30 天内将事故调查报告以及政府批复意见等资料电子版通过信息报送系统报送至国家市场监督管理总局。事故新系统已正式上线，可以上传调查报告等结案资料电子版。适应特种设备安全监管数字化转型需要，同时减少地方负担，纸质资料由地方存档即可。

第三十八条 组织事故调查的市场监督管理部门对事故调查中发现的需要制定或者修订的有关法律法规、安全技术规范和标准，应当及时报告上级市场监督管理部门，提出制定或者修订建议。

【释义】

本条是关于上报法律法规、安全技术规范和标准需要制定或者修订建议的规定。

一、及时上报的意义

法的制定，必须从调整社会关系的客观实际出发，符合实际生活的需要。根据《中华人民共和国立法法》第八十七条规定，有关机关依情形按权限可以对法律、行政法规、地方性法规、自治条例和单行条例、规章进行改变或撤销的立法精神，适时根据特种设备安全技术发展及安全监督管理工作的需要，加强特种设备相关法律法规、安全技术规范和标准的制定或者修订是提高立法质量，对于推进依法行政，切实保护人民群众合法权益、增强政府公信力和执行力、建设人民满意的服务型政府具有十分重要的作用。

本规定要求收集、汇总各级市场监督管理部门、相关行业、单位和专家、公民提出对法律法规、安全技术规范和标准的制定或者修订质量、执行情况、实施效果、存在问题的意见和建议，目的在于规范立法后评估工作，以便有关部门适时制定或者修订有关法律法规、安全技术规范和标准，提高立法质量。

二、上报主体、要求和时机

本规定要求上报的主体是组织事故调查的市场监督管理部门。上报内容为有关法律法规、安全技术规范和标准制定或者修订建议。

事故调查是一项严肃的工作，必须以尊重事实、尊重科学的态度对事故发生的经过、伤亡和经济损失的情况、事故原因、事故性质、事故责任进行全面深入和完整准确的调查，收集证据材料，去伪存真，得出真实、科学的事故调查结论。

实际事故调查过程中，在进行原因分析、责任认定等环节，依据事故当事人的行为对发生事故所起的作用以及过错的严重程度的事实证据，对照法律法规等法律规则对行为人的法律责任进行认定和归结时，由于特种设备安全影响范围广泛，涉及各种法律、法规的复杂、交错等规定，使行为人的一次行为可能同时触犯法律规范的不同条文，或者在触犯特种设备法律规范的同时，也触犯了其他法律规范，甚至出现所规定执行的法律规范相互冲突和效力不足问题，这些需要调查人员对法律规范相关条款进行法条竞合或不适合等适用性评估后，再予以确定。

通过这一法律规范适用性评估过程，组织事故调查的市场监督管理部门应当注意及时汇总整理事故相关特种设备法律规范存在的问题，提出制定或者修订建议及时上报。

三、评估标准

1. 合法性标准，即各项规定是否与法律、法规以及国家有关政策的规定相一致。

2. 合理性标准，即公平、公正原则是否得到体现；各项管理措施是否必要、适当，是否采用对行政相对人权益损害最小的方式实现立法目的；法律责任是否与违法行为的事实、性质、情节以及社会危害程度相当。

3. 协调性标准，即法律规范与同位阶的立法是否存在冲突，规定的制度是否互相衔接，要求建立的配套制度是否完备。

4. 可操作性标准，即规定的制度是否有针对性地解决行政管理中存在的问题；规定的措施是否高效、便民；规定的程序是否正当、简便，易于操作。

5. 规范性标准，即立法技术是否规范，逻辑结构是否严密，表述是否准确，是否影响到政府规章的正确、有效实施。

6. 实效性标准，即政府规章是否得到普遍遵守和执行，是否实现预期的立法目的。

第三十九条 各级市场监督管理部门应当定期对本行政区域特种设备事故的情况、特点、原因进行统计分析，根据特种设备的管理和技术特点、事故情况，研究制定有针对性的工作措施，防止和减少类似事故的发生。

【释义】

本条是事故数据进行统计分析的要求。

一、规定的意义

特种设备事故是因其本体原因及其安全装置或者附件损坏、失效，或者特种设备相关人员违反特种设备法律法规规章、安全技术规范造成的突发事件，客观反映了特种设备制造、安装、改造、维修、使用（含移动式压力容器、气瓶充装）、检验检测等全过程分类监管的安全状况和存在的问题。

因而，定期地对本地区基于事故样本的统计数据进行收集、整理、分析，分类归纳出特种设备事故的重要影响因素，通过信息化与专业技术的结合，建立事故模型，实现事故规律和演化趋势研判，有利于揭示出特种设备的安全管理现状及其内在联系和发展规律，找出特种设备安全管理工作的薄弱环节或因素。同时针对事故原因，建立反馈机制，特别是与法规标准的完善建立反馈机制，从而提出有针对性的措施并加以落实，保证本质安全。明确特种设备安全监察工作的重点，有效提升特种设备安全监察工作的有效性，避免同类事故再次发生，达到事故预防的目的。

二、统计要求

（一）统计范围

国家市场监督管理部门的统计数据范围：包括特种设备事故、特种设备相关事故以及特种设备事故调查处理结案情况。其中特种设备相关事故不列入年度考核指标。对于特种设备突发事件信息应当列入统计分析范畴，但根据情况可以不列入特种设备的事故数据统计。

（二）统计内容

1. 第一时段统计指现场调查工作结束、即事故发生当月进行的统计。包含：事故等级、事故特征、损坏程度、死亡人数、受伤人数、直接经济损失、应急处置情况、负责组织事故调查部门等信息。

2. 第二时段统计指事故结案后进行的统计。包含：事故直接原因、间接原因，事故主要原因、次要原因、经济损失以及人员处理情况等。

（三）统计上报时限

按国家市场监督管理部门的规定，各地每月5日之前要求完成并上报的系指第一时段统计内容。包括特种设备事故、相关事故和突发事件信息的确认与统计。第二时段统计分析按照总局要求时间上报。

按照国务院安委会办公室要求的期限，按国家市场监督管理部门完成每月及年度全国特种设备事故相关数据报送。

第五章　附　　则

本章共 3 条，主要规定了事故报告和处理具体工作的实施主体，相关人民政府指定市场监督管理部门组织调查与特种设备相关的其他安全事故时的可参照依据，前序版本规定的废止和本规定的起始施行日期等 3 个方面的事项。为特种设备事故、相关的其他安全事故报告和调查处理具体工作的开展与实施提供了可选方案。

第四十条　本规定所涉及的事故报告、调查协调、统计分析、报送等具体工作，由负责组织事故调查的市场监督管理部门负责，也可以委托相关特种设备事故调查处理机构承担。

【释义】

本条是关于事故报告、调查协调、统计分析、报送等具体工作实施主体的规定。

一、特种设备事故调查处理机构为市场监督管理部门发挥技术支撑作用

特种设备事故报告和调查处理中的部分具体工作，包括：事故报告、调查协调、统计分析、报送等，总体由具有事故调查权限并实际开展调查处理工作的市场监督管理部门负责，也可以由其委托相关特种设备事故调查处理机构承担。所谓的报送，是指将"事故调查报告和批复意见逐级上报至国家市场监督管理总局"，不包括向本级人民政府的报送，以及向相关主体的送达和抄送。

目前，多个省、市的市场监督管理部门已经设立专职的事故调查处理机构，技术能力较强，部分兼具管理能力，在一定程度上弥补特种设备安全监察人员专业技术的短板，在特种设备安全监督管理机构的领导下发挥了重要的支撑作用。

二、特种设备事故调查处理机构可以承担的工作任务和基本的人员条件

（一）事故调查和技术分析工作

1. 指导或参与特种设备事故调查的具体工作。

2. 开展事故调查前的准备、协助事故调查中与有关部门的协调沟通工作。

3. 开展事故原因相关的技术分析工作。

4. 开展事故调查后的评估和分析工作。

（二）风险分析和研究工作

1. 建立事故数据库，定期做好事故情况、特点、原因等统计分析工作。

2. 开展事故预防的专题调查研究，提出针对性事故预防工作措施。

3. 协助开展应急预案编制、修订、评估和应急演练工作。

（三）综合协调工作

1. 协助委托部门开展特种设备事故报告信息的接收工作，做好事故报告、续报及其监督和信息统计工作。

2. 协助开展专家库和专家机构的管理工作，组织事故调查人员、专家的教育和培训。

3. 开展应急装备采购、分发和日常维护等管理工作。

4. 协助开展事故档案的管理工作。

5. 接受委托部门交办的其他事宜。

（四）人员条件

主要管理人员应具有特种设备专业领域工作经验，主要技术人员应具有工程师以上职称或检验师以上资质。

第四十一条 与特种设备相关的其他安全事故，相关人民政府指定由市场监督管理部门组织事故调查的，可以参照本规定进行。

【释义】

本条是关于相关人民政府指定市场监督管理部门组织的与特种设备相关的其他安全事故调查时所参照依据的规定。

1. 对于由各级人民政府指定市场监督管理部门组织的与特种设备相关的其他安全事故的调查，可以依照相关的法律法规并参照本规定进行。

2. 事故是血泪的教训，也是宝贵的资源，应当充分发挥其价值。无论是作为调查主体还是参与单位开展与特种设备相关的其他安全事故的调查处理工作，或是接到与特种设备相关的其他安全事故信息报告，各级市场监督管理部门均应当收集整理事故调查报告，并通过事故统计系统上报国家市场监督管理总局特种设备事故调查处理中心。

第四十二条 本规定自 2022 年 3 月 1 日起施行。2009 年 7 月 3 日原国家质量监督检验检疫总局令第 115 号公布的《特种设备事故报告和调查处理规定》同时废止。

【释义】

本条是关于本规定起始施行日期以及原《规定》废止的规定。

法律法规的效力范围，它包括时间效力、空间效力和对人的效力三个方面。本条关于本规定生效日期的规定，是解决本规定的时间效力问题。2022 年 1 月 7 日，本规定经国家市场监督管理总局第 1 次局务会议审议通过，2022 年 1 月 20 日，国家市场监督管理总局以第 50 号令公布，自 2022 年 3 月 1 日起施行。本规定的颁布与施行日期之间留有一定的时间间隔，是为了各级市场监督管理部门做好实施前的准备工作。本规定是对原《规定》全文作全面修改的，因而，重新公布了生效施行日期。

附录

《特种设备事故报告和调查处理规定（总局50号令)》（以下简称"50号令"）与《特种设备事故报告和调查处理规定（质检总局令第115号)》（以下简称"115号令"）的异同性

50号令	115号令	异同性
第一章　总则		
第一条　为了规范特种设备事故报告和调查处理工作，及时准确查清事故原因，明确事故责任，预防和减少事故发生，根据《中华人民共和国特种设备安全法》《特种设备安全监察条例》等有关法律、行政法规的规定，制定本规定	第一条　为了规范特种设备事故报告和调查处理工作，及时准确查清事故原因，严格追究事故责任，防止和减少同类事故重复发生，根据《特种设备安全监察条例》和《生产安全事故报告和调查处理条例》，制定本规定	一是增加《特种设备安全法》，去掉了《生产事故报告和调查处理规定》，突出特种设备安全的特色；二是将严格追究事故责任，改为明确事故责任，具体责任追究由相关部门、司法机关及纪检监察机关等实施
第二条　本规定所称特种设备事故，是指列入特种设备目录的特种设备因其本体原因及其安全装置或者附件损坏、失效，或者特种设备相关人员违反特种设备法律法规规章、安全技术规范造成的事故	第二条　特种设备制造、安装、改造、维修、使用（含移动式压力容器、气瓶充装）、检验检测活动中发生的特种设备事故，其报告、调查和处理工作适用本规定。 第六条　本规定所称特种设备事故，是指因特种设备的不安全状态或者相关人员的不安全行为，在特种设备制造、安装、改造、维修、使用（含移动式压力容器、气瓶充装）、检验检测活动中造成的人员伤亡、财产损失、特种设备严重损坏或者中断运行、人员滞留、人员转移等突发事件	一是115号令对特种设备事故的定义涵盖特种设备各个环节，定义过于宽泛、笼统，本次修订后，取消了事故环节限制，突出设备的本质安全，特种设备事故的定义更加清晰、简洁，在明确物的不安全状态为特种设备自身及其安全装置或附件损坏、失效，人的不安全行为为特种设备相关人员违反特种设备相关规定的同时，极大地提升规章的可操作性；二是增加列入特种设备目录的限制

续表

50 号令	115 号令	异同性
第三条 以下情形不属于本规定所称特种设备事故： （一）《中华人民共和国特种设备安全法》第一百条规定的特种设备造成的事故； （二）自然灾害等不可抗力或者交通事故、火灾事故等外部因素引发的事故； （三）人为破坏或者利用特种设备实施违法犯罪导致的事故； （四）特种设备具备使用功能前或者在拆卸、报废、转移等非作业状态下发生的事故； （五）特种设备作业、检验、检测人员因劳动保护措施不当或者缺失而发生的事故； （六）场（厂）内专用机动车辆驶出规定的工厂厂区、旅游景区、游乐场所等特定区域发生的事故	**第八条** 下列情形不属于特种设备事故： （一）因自然灾害、战争等不可抗力引发的； （二）通过人为破坏或者利用特种设备等方式实施违法犯罪活动或者自杀的； （三）特种设备作业人员、检验检测人员因劳动保护措施缺失或者保护不当而发生坠落、中毒、窒息等情形的。 **第九条** 因交通事故、火灾事故引发的与特种设备相关的事故，由质量技术监督部门配合有关部门进行调查处理。经调查，该事故的发生与特种设备本身或者相关作业人员无关的，不作为特种设备事故。 非承压锅炉、非压力容器发生事故，不属于特种设备事故。但经本级人民政府指定，质量技术监督部门可以参照本规定组织进行事故调查处理。 房屋建筑工地和市政工程工地用的起重机械、场（厂）内专用机动车辆，在其安装、使用过程中发生的事故，不属于质量技术监督部门组织调查处理的特种设备事故	一是将 115 号令中有关自然灾害、战争等不可抗力，以及交通事故、火灾事故等外部因素引发的事故合并成一款；二是将原《规定》第九条中涉及"两工地"起重机械、场（厂）事故的条款表述，一并纳入《特种设备安全法》第一百条规定的情形；三是事故发生的状态和时机维度描述特种设备安全实质，增加了第四款"特种设备具备使用功能前或者在拆卸、报废、转移等非作业状态下发生的事故"；四是常压锅炉不在《特种设备目录》，取消了原规定的第九条第二款
第四条 国家市场监督管理总局负责监督指导全国特种设备事故报告、调查和处理工作。 各级市场监督管理部门在本级人民政府的领导和上级市场监督管理部门指导下，依法开展特种设备事故报告、调查和处理工作	**第三条** 国家质量监督检验检疫总局（以下简称国家质检总局）主管全国特种设备事故报告、调查和处理工作，县以上地方质量技术监督部门负责本行政区域内的特种设备事故报告、调查和处理工作	一是根据国务院机构改革方案，明确特种设备安全监督管理部门是市场监督管理部门；二是明确国家市场监督管理总局主管全国特种设备事故报告、调查和处理工作；三是鉴于各地地方性法规的不同，明确各级市场监督管理部门在本级人民政府的领导和上级市场监督管理部门指导下，依法开展特种设备事故报告、调查和处理工作

续表

50号令	115号令	异同性
第五条 特种设备事故报告应当及时、准确、完整，任何单位和个人不得迟报、漏报、谎报或者瞒报。 特种设备事故调查处理应当实事求是、客观公正、尊重科学，及时、准确地查清事故经过、事故原因和事故损失，查明事故性质，认定事故责任，提出处理建议和整改措施	**第四条** 事故报告应当及时、准确、完整，任何单位和个人对事故不得迟报、漏报、谎报或者瞒报。 事故调查和处理工作必须坚持实事求是、客观公正、尊重科学的原则，及时、准确地查清事故经过、事故原因和事故损失，查明事故性质，认定事故责任，提出处理和整改措施，并对事故责任单位和责任人员依法追究责任	鉴于事故责任追究由相关部门、司法机关及纪检监察机关等实施，取消关于对事故责任单位和责任人员追究责任的规定
第六条 任何单位和个人不得阻挠和干涉特种设备事故报告、调查和处理工作。 对特种设备事故报告、调查和处理中的违法行为，任何单位和个人有权向市场监督管理部门和其他有关部门举报，接到举报的部门应当依法及时处理	**第五条** 任何单位和个人不得阻挠和干涉特种设备事故报告、调查和处理工作。 对事故报告、调查和处理中的违法行为，任何单位和个人有权向各级质量技术监督部门或者有关部门举报。接到举报的部门应当依法及时处理	将各级质量技术监督部门改为市场监督管理部门
第二章 事故报告		
第七条 特种设备发生事故后，事故现场有关人员应当立即向事故发生单位负责人报告；事故发生单位的负责人接到报告后，应当于1小时内向事故发生地的县级以上市场监督管理部门和有关部门报告。 情况紧急时，事故现场有关人员可以直接向事故发生地的县级以上市场监督管理部门报告	**第十条** 发生特种设备事故后，事故现场有关人员应当立即向事故发生单位负责人报告；事故发生单位的负责人接到报告后，应当于1小时内向事故发生地的县以上质量技术监督部门和有关部门报告。 情况紧急时，事故现场有关人员可以直接向事故发生地的县以上质量技术监督部门报告	（一）本条规定总体上与115号令第十条保持一致，根据国家行政体制改革的相关变化，对接收特种设备事故信息报告的行政主管单位称谓，用市场监督管理部门替代质量技术监督部门。 （二）事故报告时机的表述方面，用"特种设备发生事故后"替代"发生特种设备事故后"，更加强调发生事故的主体设备对象；并且当特种设备发生有关的事故初期，有时难以判断是否属于"特种设备事故"，应当遵循应报尽报的原则

续表

50号令	115号令	异同性
第八条 市场监督管理部门接到有关特种设备事故报告后，应当立即组织查证核实。属于特种设备事故的，应当向本级人民政府报告，并逐级报告上级市场监督管理部门直至国家市场监督管理总局。每级上报的时间不得超过2小时。必要时，可以越级上报事故情况。 对于一般事故、较大事故，接到事故报告的市场监督管理部门应当及时通报同级有关部门。对于重大事故、特别重大事故，国家市场监督管理总局应当立即报告国务院并及时通报国务院有关部门。 事故发生地与事故发生单位所在地不在同一行政区域的，事故发生地市场监督管理部门应当及时通知事故发生单位所在地市场监督管理部门。事故发生单位所在地市场监督管理部门应当配合做好事故调查处理相关工作	**第十一条** 接到事故报告的质量技术监督部门，应当尽快核实有关情况，依照《特种设备安全监察条例》的规定，立即向本级人民政府报告，并逐级报告上级质量技术监督部门直至国家质检总局。质量技术监督部门每级上报的时间不得超过2小时。必要时，可以越级上报事故情况。 对于特别重大事故、重大事故，由国家质检总局报告国务院并通报国务院安全生产监督管理等有关部门。对较大事故、一般事故，由接到事故报告的质量技术监督部门及时通报同级有关部门。 对事故发生地与事故发生单位所在地不在同一行政区域的，事故发生地质量技术监督部门应当及时通知事故发生单位所在地质量技术监督部门。事故发生单位所在地质量技术监督部门应当做好事故调查处理的相关配合工作	（一）除了"市场监督管理部门"主体的称谓和部分表述变化之外，本条规定总体上与115号令第十一条保持一致。 （二）在市场监督管理部门查证核实有关特种设备事故报告信息后向本级人民政府报告以及在本系统内逐级上报之前，增加后续事故信息报告的判定条件"属于特种设备事故的"
第九条 市场监督管理部门逐级上报事故信息，应当采用快捷便利的通讯方式进行上报，同时通过特种设备事故管理系统进行上报。现场无法通过特种设备事故管理系统上报的，应当在接到事故报告后24小时内通过系统进行补报	**第十三条** 质量技术监督部门逐级报告事故情况，应当采用传真或者电子邮件的方式进行快报，并在发送传真或者电子邮件后予以电话确认。 特殊情况下可以直接采用电话方式报告事故情况，但应当在24小时内补报文字材料	（一）本条规定与115号令第十三条主体内容存在一定的差异性，一是取消"快报"的提法，采用了更为严谨的"快捷便利"来定义允许采用的通讯方式；二是根据技术发展进步和通讯方式的改变，不再枚举"传真、电子邮件"等具体"快报"方式，只作出"快捷便利"的原则性规定；三是取消"传真或者电子邮件"等方式"快报"后进行电话确认的要求，但在实际执行中，建议各级市场监督管理部门对事故信息报告的收悉情况予以确认。 （二）50号令规定相比于115号令第十三条，增加通过特种设备事故管理系统进行上报的信息化报告要求。并且，对于补报的要求也据此作出相应调整

续表

50号令	115号令	异同性
第十条 事故报告应当包括以下内容： （一）事故发生的时间、地点、单位概况以及特种设备种类； （二）事故发生简要经过、现场破坏情况、已经造成或者可能造成的伤亡和涉险人数、初步估计的直接经济损失； （三）已经采取的措施； （四）报告人姓名、联系电话； （五）其他有必要报告的情况	**第十二条** 报告事故应当包括以下内容： （一）事故发生的时间、地点、单位概况以及特种设备种类； （二）事故发生初步情况，包括事故简要经过、现场破坏情况、已经造成或者可能造成的伤亡和涉险人数、初步估计的直接经济损失、初步确定的事故等级、初步判断的事故原因； （三）已经采取的措施； （四）报告人姓名、联系电话； （五）其他有必要报告的情况	本条规定与115号令第十二条第（一）至（五）款等主要差异体现在第（二）款中删除事故报告信息要素中"初步确定的事故等级""初步判断的事故原因"两项要求，在具体的工作实践中应当视信息掌握情况进行准确的报告
第十一条 事故报告后出现新情况的，以及对情况尚未报告清楚的，应当及时逐级续报。 自事故发生之日起30日内，事故伤亡人数发生变化的，应当在发生变化的24小时内及时续报	**第十四条** 报告事故后出现新情况的，以及对事故情况尚未报告清楚的，应当及时逐级续报。 续报内容应当包括：事故发生单位详细情况、事故详细经过、设备失效形式和损坏程度、事故伤亡或者涉险人数变化情况、直接经济损失、防止发生次生灾害的应急处置措施和其他有必要报告的情况等。 自事故发生之日起30日内，事故伤亡人数发生变化的，有关单位应当在发生变化的当日及时补报或者续报	本条规定与115号令第十四条总体具有一致性，主要变化为： （一）删除了115号令第十四条第二款关于续报内容的规定。一方面，该条款要求的续报内容，包括"事故发生单位详细情况、事故详细经过、设备失效形式和损坏程度、事故伤亡或者涉险人数变化情况、直接经济损失、防止发生次生灾害的应急处置措施和其他有必要报告的情况等"，在事故调查处理工作完成后的事故调查报告中，均能得到体现，而若提前至事故调查前或者过程中的事故信息报告的续报时，执行难度较大且必要性不高。另一方面，当前事故报告内容总体遵循本规定第十条，即可较为全面、清晰地反映事故信息要素。如果对上述内容或其中某个要素需要在事故报告时特别强调，可以纳入本规定第十条第（五）款"其他有必要报告的情况"。 （二）综合考虑可操作性和一致性，将115号令第十四条第三款"30日内事故伤亡人数发生变化的"情形续报的时限要求从"当日及时"调整为"24小时内"

续表

50号令	115号令	异同性
第十二条 事故发生地县级市场监督管理部门接到事故报告后，应当及时派员赶赴事故现场，并按照特种设备应急预案的分工，在当地人民政府的领导下积极组织开展事故应急救援工作。 上级市场监督管理部门认为有必要时，可以派员赶赴事故现场进行指导，事故发生地县级以上市场监督管理部门应当积极配合	**第十五条** 事故发生单位的负责人接到事故报告后，应当立即启动事故应急预案，采取有效措施，组织抢救，防止事故扩大，减少人员伤亡和财产损失。 质量技术监督部门接到事故报告后，应当按照特种设备事故应急预案的分工，在当地人民政府的领导下积极组织开展事故应急救援工作	本条规定第一款与115号令第十五条第二款具有部分的一致性。 （一）关于事故发生单位特种设备突发事件应急职责，在《特种设备安全法》《特种设备安全监察条例》中，均已经作出明确规定。从市场监督管理部门主体连贯性的角度，本条规定删除原115号令第十五条第一款关于事故发生单位在接到事故报告后的应急响应和处置救援要求。 （二）细化115号令第十五条第二款关于市场监督管理部门接到事故报告后的应急响应行动要求，增加"应当及时派员赶赴事故现场"的规定。 （三）增加上级市场监督管理部门认为有必要时赶赴事故现场指导的规定
第十三条 各级市场监督管理部门应当依法组织制定特种设备事故应急预案，建立应急值班制度，并向社会公布值班电话，接收特种设备事故报告信息	**第十七条** 各级质量技术监督部门应当建立特种设备应急值班制度，向社会公布值班电话，受理事故报告和事故举报	本条规定与115号令第十七条总体具有一致性，一是增加"各级市场监督管理部门应当依法组织制定特种设备事故应急预案"的要求，二是将应急值班电话的主要功能从"受理事故报告和事故举报"调整并明确为"接收事故报告信息"

续表

50号令	115号令	异同性
第三章　事故调查		
第十四条　发生特种设备事故后，事故发生单位及其人员应当妥善保护事故现场以及相关证据，及时收集、整理有关资料，为事故调查做好准备；必要时，应当对设备、场地、资料进行封存，由专人看管	第十八条　发生特种设备事故后，事故发生单位及其人员应当妥善保护事故现场以及相关证据，及时收集、整理有关资料，为事故调查做好准备；必要时，应当对设备、场地、资料进行封存，由专人看管。 因抢救人员、防止事故扩大以及疏通交通等原因，需要移动事故现场物件的，负责移动的单位或者相关人员应当做出标志，绘制现场简图并作出书面记录，妥善保存现场重要痕迹、物证。有条件的，应当现场制作视听资料。 事故调查期间，任何单位和个人不得擅自移动事故相关设备，不得毁灭相关资料、伪造或者故意破坏事故现场	本条为115号令第四章第十八条内容，现调整至50号令第三章，其第一款内容不变，调整为第十四条，第二款内容删除，第三款内容调整到本章第二十三条第二款。 本条突出强调事故调查处理前的现场保护相关证据对于调查的重要性
第十五条　特种设备事故调查依据特种设备安全法律、行政法规的相关规定，实行分级负责。 市场监督管理部门接到事故报告后，经过现场初步判断，因客观原因暂时无法确定是否为特种设备事故的，应当及时报告本级人民政府，并按照本级人民政府的意见开展相关工作	第十九条　质量技术监督部门接到事故报告后，经现场初步判断，发现不属于或者无法确定为特种设备事故的，应当及时报告本级人民政府，由本级人民政府或者其授权或者委托的部门组织事故调查组进行调查。 第二十条　依照《特种设备安全监察条例》的规定，特种设备事故分别由以下部门组织调查： （一）特别重大事故由国务院或者国务院授权的部门组织事故调查组进行调查； （二）重大事故由国家质检总局会同有关部门组织事故调查组进行调查； （三）较大事故由事故发生地省级质量技术监督部门会同省级有关部门组织事故调查组进行调查； （四）一般事故由事故发生地设区的市级质量技术监督部门会同市级有关部门组织事故调查组进行调查	本条为115号令第四章第十九条、第二十条前三项内容的整合，现调整为50号令第三章第十五条。第二十条前三项调整为第一款，第十九条调整为第二款。 本条是关于调查主体条款，重新梳理文字表述，形成逻辑闭环，强调事故调查应在本级政府领导下，依法依规进行开展

续表

50 号令	115 号令	异同性
第十六条 对于跨区域发生、事故调查处理情形复杂、舆论关注和群众反响强烈的特种设备事故等情况，上级市场监督管理部门可以对事故调查进行督办，必要时可以直接进行调查。 自事故发生之日起 30 日内事故等级发生变化，依法应当由上级市场监督管理部门组织事故调查的，上级市场监督管理部门可以会同本级有关部门进行事故调查，也可以经本级人民政府批准，委托下级市场监督管理部门继续组织进行事故调查。 自事故发生之日起超过 30 日，事故造成的伤亡人数或者直接经济损失发生变化的，按照原事故等级组织事故调查	**第二十一条** 根据事故发生情况，上级质量技术监督部门可以派员指导下级质量技术监督部门开展事故调查处理工作。 自事故发生之日起 30 日内，因伤亡人数变化导致事故等级发生变化的，依照规定应当由上级质量技术监督部门组织调查的，上级质量技术监督部门可以会同本级有关部门组织事故调查组进行调查，也可以派员指导下级部门继续进行事故调查	本条为 115 号令第四章第二十一条调整至 50 号令第三章第十六条。 本条对事故调查督办情形和事故等级调整进行了细化
第十七条 对无重大社会影响、无人员死亡且事故原因明晰的特种设备一般事故和较大事故，负责组织事故调查的市场监督管理部门，报本级人民政府批准后，可以由市场监督管理部门独立开展事故调查工作。必要时，经本级人民政府批准，可以委托下级市场监督管理部门组织事故调查	**第二十五条** 对无重大社会影响、无人员伤亡、事故原因明晰的特种设备事故，事故调查工作可以按照有关规定适用简易程序；在负责事故调查的质量技术监督部门商同级有关部门，并报同级政府批准后，由质量技术监督部门单独进行调查	本条为 115 号令第四章第二十五条调整至 50 号令第三章第十七条。 本条规定简易程序条款，与原规定第二十五条基本一致。主要考虑为提高事故处理效率，降低事故调查的行政成本
第十八条 负责组织事故调查的市场监督管理部门应当报请本级人民政府批准成立事故调查组。 根据事故的具体情况，事故调查组一般应当由市场监督管理部门会同有关部门组成。 事故调查组组长由负责事故调查的市场监督管理部门负责人或者指定的人员担任	**第二十条** 根据事故调查处理工作的需要，负责组织事故调查的质量技术监督部门可以依法请事故发生地人民政府及有关部门派员参加事故调查。 负责组织事故调查的质量技术监督部门应当将事故调查组的组成情况及时报告本级人民政府。 **第二十二条** 事故调查组组长由负责事故调查的质量技术监督部门负责人担任	本条为 115 号令第四章第二十条第二、三款与第二十二条第一款部分内容，整合调整为 50 号令第三章第十八条。 本条规定了事故调查组组成程序、成员单位和组长

续表

50号令	115号令	异同性
第十九条 事故调查组应当履行下列职责： （一）查清事故发生前的特种设备状况； （二）查明事故经过、人员伤亡、特种设备损坏、直接经济损失情况及其他后果； （三）分析事故原因； （四）认定事故性质和事故责任； （五）提出对事故责任单位和责任人员的处理建议； （六）总结事故教训，提出防范类似事故发生和整改措施的建议； （七）提交事故调查报告； （八）整理并移交有关事故调查资料	**第二十三条** 事故调查组应当履行下列职责： （一）查清事故发生前的特种设备状况； （二）查明事故经过、人员伤亡、特种设备损坏、经济损失情况以及其他后果； （三）分析事故原因； （四）认定事故性质和事故责任； （五）提出对事故责任者的处理建议； （六）提出防范事故发生和整改措施的建议； （七）提交事故调查报告	本条为115号令第四章第二十三条调整至50号令第三章第十九条。 本条为事故调查组职责条款，增加第（八）项"整理并移交有关事故调查资料"，为事故统计分析提供便利
第二十条 事故调查组成员应当具有特种设备事故调查工作所需要的知识和专长，与事故发生单位及相关人员不存在直接利害关系。 事故调查组成员应当服从调查组组长领导，在事故调查工作中正确履行职责，诚信公正，遵守事故调查组的纪律，不得泄露有关事故调查信息	**第二十二条** 事故调查组成员应当具有特种设备事故调查所需要的知识和专长，与事故发生单位及相关人员不存在任何利害关系。事故调查组组长由负责事故调查的质量技术监督部门负责人担任。 **第二十四条** 事故调查组成员在事故调查工作中应当诚信公正、恪尽职守，遵守事故调查组的纪律，遵守相关秘密规定。 在事故调查期间，未经负责组织事故调查的质量技术监督部门和本级人民政府批准，参与事故调查、技术鉴定、损失评估等有关人员不得擅自泄露有关事故信息	本条为115号令第四章第二十二条、第二十四条合并调整至50号令第三章第二十条。 本条是关于事故调查组成员的条件要求，规定事故调查组成员行为规范
第二十一条 根据事故调查工作需要，事故调查组可以聘请有关专家参与事故调查；所聘请的专家应当具备特种设备安全监督管理、生产、检验检测或者科研教学等相关工作经验。设区的市级以上市场监督管理部门可以根据事故调查工作需要，组建特种设备事故调查专家库	**第二十二条第二款** 必要时，事故调查组可以聘请有关专家参与事故调查；所聘请的专家应当具备5年以上特种设备安全监督管理、生产、检验检测或者科研教学工作经验。设区的市级以上质量技术监督部门可以根据事故调查的需要，组建特种设备事故调查专家库	本条为115号令第四章第二十二条第二款内容调整至50号令第三章第二十一条。 本条为事故调查聘请专家及专家库建设条款，结合实际，取消年限要求

续表

50号令	115号令	异同性
第二十二条 事故调查组有权向有关单位和个人了解与事故有关的情况，并要求其提供相关文件、资料。有关单位和个人不得拒绝，并对所提供情况和文件、资料的真实性负责。 事故发生单位的负责人和有关人员在事故调查期间不得擅离职守，并应当随时接受事故调查组的询问	**第二十八条** 事故调查组有权向有关单位和个人了解与事故有关的情况，并要求其提供相关文件、资料。有关单位和个人不得拒绝，并应当如实提供特种设备及事故相关的情况或者资料，回答事故调查组的询问，对所提供情况的真实性负责。 事故发生单位的负责人和有关人员在事故调查期间不得擅离职守，应当随时接受事故调查组的询问，如实提供有关情况或者资料	本条为115号令第四章第二十八条调整至50号令第三章第二十二条。 本条为关于事故发生单位和个人的义务条款，除做相应简化外与原规定基本一致
第二十三条 事故调查组应当依法严格开展事故现场保护、勘察、询问及调查取证等相关工作。 事故调查期间未经事故调查组同意，任何单位和个人不得擅自移动事故相关设备，不得隐匿、毁灭有关资料、物品，不得伪造或者故意破坏事故现场		本条为50号令**新增条款**。 本条提出对调查工作重点环节进行质量控制要求，强调事故调查期间现场保护工作和纪律要求
第二十四条 事故调查中需要进行技术鉴定的，事故调查组应当委托相关单位进行技术鉴定，接受委托的单位应当出具技术鉴定报告，并对其结论负责	**第二十六条** 事故调查组可以委托具有国家规定资质的技术机构或者直接组织专家进行技术鉴定。接受委托的技术机构或者专家应当出具技术鉴定报告，并对其结论负责	本条为115号令第四章第二十六条调整至50号令第三章第二十四条。 本条规定了开展技术鉴定工作程序和要求内容。本条不再规定专家直接鉴定的内容
第二十五条 事故调查组认为需要对特种设备事故进行直接经济损失评估的，可以委托依法成立的评估机构进行。接受委托的评估机构应当出具评估报告，并对其结论负责	**第二十七条** 事故调查组认为需要对特种设备事故进行直接经济损失评估的，可以委托具有国家规定资质的评估机构进行。 直接经济损失包括人身伤亡所支出的费用、财产损失价值、应急救援费用、善后处理费用。 接受委托的单位应当按照相关规定和标准进行评估，出具评估报告，对其结论负责	本条为115号令第四章第二十七条调整至50号令第三章第二十五条。 本条规定开展经济损失评估工作程序和要求内容。本条不再规定直接经济损失的内容
第二十六条 事故调查组应当在全面审查证据的基础上查明引发事故的原因，认定事故性质		本条为50号令**新增条款**。 本条规定开展证据审查程序确认事故原因的要求和事故性质认定要求。删除原因种类

续表

50号令	115号令	异同性
第二十七条 事故调查组应当根据事故的主要原因和次要原因，认定事故责任。 事故调查组应当根据责任单位和责任人员行为与特种设备事故发生及其后果之间的因果关系，以及在特种设备事故中的影响程度，认定责任单位和责任人员所负的责任。 责任单位和责任人员所负的责任分为全部责任、主要责任和次要责任。 责任单位或者责任人员伪造或者故意破坏事故现场，毁灭、伪造或者隐匿证据，瞒报或者谎报事故等，致使事故责任无法认定的，应当承担全部责任	**第三十条** 事故调查组根据事故的主要原因和次要原因，判定事故性质，认定事故责任。 事故调查组根据当事人行为与特种设备事故之间的因果关系以及在特种设备事故中的影响程度，认定当事人所负的责任。当事人所负的责任分为全部责任、主要责任和次要责任。 当事人伪造或者故意破坏事故现场、毁灭证据、未及时报告事故等，致使事故责任无法认定的，应当承担全部责任	本条为115号令第四章第三十条调整至50号令第三章第二十七条。 本条规定事故责任认定程序、种类以及全部责任承担的几种情形，与115号令基本保持一致
第二十八条 事故调查组应当向组织事故调查的市场监督管理部门提交事故调查报告。事故调查报告应当包括下列内容： （一）事故发生单位情况和发生事故设备情况； （二）事故发生经过和事故救援情况； （三）事故造成的人员伤亡、设备损坏程度和直接经济损失； （四）事故发生的原因和事故性质； （五）事故责任的认定以及对事故责任单位和责任人员的处理建议； （六）事故防范和整改措施； （七）技术鉴定报告等有关证据材料。 事故调查报告应当由事故调查组集体会审，并经事故调查组全体成员签名。事故调查组成员有不同意见的，可以提交个人签名的书面材料，附在事故调查报告内	**第三十一条** 事故调查组应当向组织事故调查的质量技术监督部门提交事故调查报告。事故调查报告应当包括下列内容： （一）事故发生单位情况； （二）事故发生经过和事故救援情况； （三）事故造成的人员伤亡、设备损坏程度和直接经济损失； （四）事故发生的原因和事故性质； （五）事故责任的认定以及对事故责任者的处理建议； （六）事故防范和整改措施； （七）有关证据材料。 事故调查报告应经事故调查组全体成员签字。事故调查组成员有不同意见的，可以提交个人签名的书面材料，附在事故调查报告内	本条为115号令第四章第三十一条调整至50号令第三章第二十八条。 本条规定提交事故调查报告的程序和内容，与115号令基本保持一致

续表

50号令	115号令	异同性
第二十九条 组织事故调查的市场监督管理部门应当按照规定程序对事故调查报告以及资料进行完整性审核。必要时，可以向事故调查组提出追加调查的要求		本条为50号令**新增条款**。 本条规定按照程序对事故调查报告进行完整性审核条款，目的在于规范事故调查，保证事故调查工作质量
第三十条 特种设备事故调查应当自事故调查组成立之日起60日内结束。特殊情况下，经组织调查的市场监督管理部门批准，事故调查期限可以适当延长，但延长的期限最长不超过60日。 经济损失评估时间与技术鉴定时间不计入事故调查期限。 因无法进行事故现场勘察的，事故调查期限从具备现场勘察条件之日起计算	**第三十三条** 特种设备事故调查应当自事故发生之日起60日内结束。特殊情况下，经负责组织调查的质量技术监督部门批准，事故调查期限可以适当延长，但延长的期限最长不超过60日。 技术鉴定时间不计入调查期限。 因事故抢险救灾无法进行事故现场勘察的，事故调查期限从具备现场勘察条件之日起计算	本条为115号令第四章第三十三条调整至50号令第三章第三十条。 本条为事故调查时限条款，除增加经济损失评估时间要求，不限制现场无法勘察条件外，其余内容与原规定基本保持一致
	第四章 事故处理	
第三十一条 事故调查结束后，组织事故调查的市场监督管理部门应当将事故调查报告报本级人民政府批复，并报上一级市场监督管理部门备案	**第三十四条** 依照《特种设备安全监察条例》的规定，省级质量技术监督部门组织的事故调查，其事故调查报告报省级人民政府批复，并报国家质检总局备案；市级质量技术监督部门组织的事故调查，其事故调查报告报市级人民政府批复，并报省级质量技术监督部门备案。 国家质检总局组织的事故调查，事故调查报告的批复按照国务院有关规定执行	本条为115号令第五章第三十四条调整至50号令第四章第三十一条。 本条规定事故调查报告报批与备案的内容，简化相关表述方式
第三十二条 组织事故调查的市场监督管理部门应当在接到批复之日起15日内，将事故调查报告及批复意见送达有关地方人民政府及有关部门，并抄送事故发生单位、责任单位和责任人员	**第三十五条** 组织事故调查的质量技术监督部门应当在接到批复之日起10日内，将事故调查报告及批复意见送达有关地方人民政府及其有关部门，送达事故发生单位、责任单位和责任人员，并抄送参加事故调查的有关部门和单位	本条为115号令第五章第三十五条调整至50号令第四章第三十二条。 本条规定事故调查报告与批复送达、抄送要求，考虑实际情况，将送达时间增加5个工作日，以减轻基层工作压力

续表

50 号令	115 号令	异同性
第三十三条 市场监督管理部门及有关部门应当根据批复后的事故调查报告，依照法定权限和程序，对负有事故责任的相关单位和人员实行行政处罚，对负有事故责任的公职人员进行处分。 市场监督管理部门及其工作人员在特种设备事故调查和处理中存在违纪违法行为的，由纪检监察机关依法给予党纪政务处分。 涉嫌犯罪的，依法移送监察机关、司法机关处理	**第三十六条** 质量技术监督部门及有关部门应当按照批复，依照法律、行政法规规定的权限和程序，对事故责任单位和责任人员实施行政处罚，对负有事故责任的国家工作人员进行处分	本条为 115 号令第五章第三十六条调整至 50 号令第四章第三十三条。 本条规定市场局落实批复意见要求，增加违纪责任追究程序和涉嫌犯罪案件移交的条款
第三十四条 事故发生单位及事故责任相关单位应当落实事故防范和整改措施。防范和整改措施的落实情况应当接受工会和职工的监督。 事故责任单位应当及时将防范和整改措施的落实情况报事故发生地的市级市场监督管理部门	**第三十七条** 事故发生单位应当落实事故防范和整改措施。防范和整改措施的落实情况应当接受工会和职工的监督。 事故发生地质量技术监督部门应当对事故责任单位落实防范和整改措施的情况进行监督检查	本条为 115 号令第五章第三十七条调整至 50 号令第四章第三十四条。 本条规定事故单位落实防范和整改措施及接受监督的要求
第三十五条 事故调查处理情况由组织调查的市场监督管理部门按照《中华人民共和国政府信息公开条例》的有关规定，依法向社会公开	**第三十八条** 特别重大事故的调查处理情况由国务院或者国务院授权组织事故调查的部门向社会公布，特别重大事故以下等级的事故的调查处理情况由组织事故调查的质量技术监督部门向社会公布；依法应当保密的除外	本条为 115 号令第五章第三十八条调整至 50 号令第四章第三十五条。 本条为事故调查处理结果公开条款，对原规定表述进行了简化
第三十六条 事故调查的有关资料应当由组织事故调查的市场监督管理部门归档保存。 归档保存的材料包括现场勘察笔录、技术鉴定报告、事故调查报告、事故批复文件等	**第三十九条** 事故调查的有关资料应当由组织事故调查的质量技术监督部门立档永久保存。 立档保存的材料包括现场勘察笔录、技术鉴定报告、重大技术问题鉴定结论和检测检验报告、尸检报告、调查笔录、物证和证人证言、直接经济损失文件、相关图纸、视听资料、事故调查报告、事故批复文件等	本条为 115 号令第五章第三十九条调整至 50 号令第四章第三十六条。 本条规定事故调查资料归档保存要求及保存材料内容

续表

50 号令	115 号令	异同性
第三十七条 组织事故调查的市场监督管理部门应当在接到事故调查报告批复之日起 30 日内将事故调查报告和批复意见逐级上报至国家市场监督管理总局	**第四十条** 组织事故调查的质量技术监督部门应当在接到事故调查报告批复之日起 30 日内撰写事故结案报告，并逐级上报直至国家质检总局。 上报事故结案报告，应当同时附事故档案副本或者复印件	本条为 115 号令第五章第四十条调整至 50 号令第四章第三十七条。 本条规定结案上报程序和时限要求，为事故统计分析工作提供依据
第三十八条 组织事故调查的市场监督管理部门对事故调查中发现的需要制定或者修订的有关法律法规、安全技术规范和标准，应当及时报告上级市场监督管理部门，提出制定或者修订建议	**第四十一条** 负责组织事故调查的质量技术监督部门应当根据事故原因对相关安全技术规范、标准进行评估；需要制定或者修订相关安全技术规范、标准的，应当及时报告上级部门提请制定或者修订	本条为 115 号令第五章第四十一条调整至 50 号令第四章第三十八条。 本条为市场监督管理部门总结事故经验教训，制修订法规标准的内容，与原规定基本保持一致
第三十九条 各级市场监督管理部门应当定期对本行政区域特种设备事故的情况、特点、原因进行统计分析，根据特种设备的管理和技术特点、事故情况，研究制定有针对性的工作措施，防止和减少类似事故的发生	**第四十二条** 各级质量技术监督部门应当定期对本行政区域特种设备事故的情况、特点、原因进行统计分析，根据特种设备的管理和技术特点、事故情况，研究制定有针对性的工作措施，防止和减少事故的发生	本条为 115 号令第五章第四十二条调整至 50 号令第四章第三十九条。 本条规定事故统计分析的要求，与原规定基本一致
	第五章　附则	
第四十条 本规定所涉及的事故报告、调查协调、统计分析、报送等具体工作，由负责组织事故调查的市场监督管理部门负责，也可以委托相关特种设备事故调查处理机构承担	**第四十七条** 本规定所涉及的事故报告、调查协调、统计分析等具体工作，负责组织事故调查的质量技术监督部门可以委托相关特种设备事故调查处理机构承担	本条规定与 115 号令第四十七条总体一致，一是增加"报送"的具体工作，二是更为准确地表述了负责或者依委托承担具体工作的两个主体
第四十一条 与特种设备相关的其他安全事故，相关人民政府指定由市场监督管理部门组织事故调查的，可以参照本规定进行	**第四十八条** 本规定由国家质检总局负责解释	本条是关于相关人民政府指定市场监督管理部门组织的与特种设备相关的其他安全事故调查时所参照依据的规定
第四十二条 本规定自 2022 年 3 月 1 日起施行。2009 年 7 月 3 日原国家质量监督检验检疫总局令第 115 号公布的《特种设备事故报告和调查处理规定》同时废止	**第四十九条** 本规定自公布之日起施行，2001 年 9 月 17 日国家质检总局发布的《锅炉压力容器压力管道特种设备事故处理规定》同时废止	本条是关于本规定起始施行日期以及 115 号令废止的规定